시작한 일을 반드시
끝내는 습관

시작한 일을 반드시 끝내는 습관

잰 예거 지음 | 이상원 옮김

중간에 포기해버리지 않고 끝까지 해내는 힘

갈매나무

나는 이제 시작한 일은 끝내기로 했다

직장의 프로젝트, 개인적인 책 쓰기 계획, 다이어트 등 무언가 끝내지 못해 고생한 경험이 있는가? 당신만 그런 건 아니다. '끝내지 못하는 병'은 우리 개인의 삶뿐 아니라 우리가 살아가는 이 세상에 만연해 있다.

이 병의 원인은 무엇일까? 수없이 많다. 시간관리에 대해 지난 30년간 연구를 이어오면서 내가 알게 된 한 가지 원인은 너무 많은 사람이 동시에 너무 많은 일을 하고 있다는 것, 그리하여 끝내지 못하는 과업이나 프로젝트가 생겨날 수밖에 없다는 것이다.

두 번째 원인은 내가 '산만병'이라 부르는 것이다. 이 문제에 시달리는 사람은 다른 일을 하기 위해 본래 하던 일을 너무 쉽게 놓아버린다. 그러다 보면 미처 깨닫기도 전에 끝내지 못한 일과 프로젝트가 잔뜩 쌓인다. 완수하지 못한 책임이 쌓이면 압박감이 찾아온다. 직장에서 이런 일이 발생하면 자신뿐 아니라 팀 전체의 발목을 잡게 된다. 심지어는 해고될 위험까지 있다.

개인적인 삶에서 끝내지 못한 일들의 결과는 업무 상황보다는 덜 첨예하지만 그래도 적잖은 영향을 미친다. 화장실을 개조하지 못해 집을

팔기가 어려워진다. 이사한 지 꽤 되었는데도 풀지 않은 이삿짐 상자가 굴러다닌다. 마지막 4킬로그램을 못 빼는 바람에 옷장에 입을 수 없는 옷이 더 많은 상황에 처하기도 한다.

200명 이상의 남녀를 대상으로 끝내지 못한 1순위 과업이 무엇인지 물어보았다. 답변의 일부를 소개하면 다음과 같다.

직장 또는 학교 관련

- 조직의 비전 영상물 제작
- 온라인 강의 다 듣기
- 산업 현장 방문 보고서 작성
- 학위 받기
- 쓰고 있는 노래 완성
- 소설 쓰기
- 새로운 일자리 찾기
- 2주 앞서 수업 계획 잡기

개인적인 과업

- 딸의 학교 수업료 지불
- 손자와 더 많은 시간을 보내기
- 체중 감량
- 쓸모없는 물건 버리기
- 결혼

일을 끝내는 것보다는 시작하는 것이 더 쉽다고 생각하는가? 이 역시 당신 혼자만의 생각은 아니다. 내 조사에 응한 남녀 205명 중 시작하기가 더 쉽다고 응답한 사람은 39퍼센트였다. 끝내기가 더 쉽다고 생각한 경우는 19.51퍼센트에 불과했다. 인도인 49명과 미국인 105명을 분리해서 살펴보았을 때도 같은 경향이 나타났다. 미국인 40퍼센트와 인도인 36.7퍼센트가 끝내는 것보다 시작하는 것이 더 쉽다고 답한 것이다.

일을 끝내지 못하는 세 번째 원인은 끝내기보다 시작하기가 더 쉽다고 답한 것과 거의 같은 비율(40퍼센트)의 응답자들이 지적한 것으로, 바로 일에 따라 다르다는 점이다. 응답자의 거의 절반이 일의 특성에 따라 다르다고 답한 셈이다.

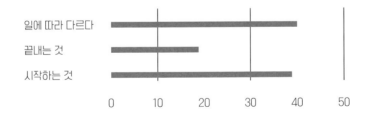

일을 끝내는 것과 시작하는 것 중 무엇이 더 쉬운가요?
(205명 답변)

시작하는 것과 '다시' 시작하는 것

내 설문의 응답자들 대다수는 일을 끝내는 것이 어렵거나 혹은 일에

시작한 일을 반드시 끝내는 습관

따라 다르다고 했고 그보다 적은 20퍼센트는 시작하는 것이 더 어렵다고 했다. 시작하지 않으면 끝낼 수 없다는 건 당연한 일이니 일단 시작하는 것이 더 어려운 경우를 생각해보자.

나는 개인적으로 지금 바로 그런 상황에 처해 있다. 10년 동안 작업한 책을 최종적으로 손보는 일이다. 2년 전에 1차로 끝냈을 때는 몇 개월 동안 쉬지 않고 작업했다. 탄력을 받았던 것이다. 하지만 한번 중단하고 제쳐두고 나니 힘을 잃었다. 다시 그 일을 붙잡고 끝내기가 몹시 어려워졌다. 정확히 말해 내 경우는 일을 다시 시작하는 것이 어려운 상황이다. 그렇다면 시작하는 것과 다시 시작하는 것이라는 두 상황을 함께 묶어 다뤄보자.

일을 시작하는 것이 어렵다면 다음과 같은 마음가짐이 필요하다.

1. 시작을 해야만 끝내기가 가능하다는 것을 기억하자.
2. 일을 끝낸 후 정말로 하고 싶은 무언가가 있는가? 일단 시작해서 끝을 내야만 하고 싶은 그 일로 넘어갈 수 있다.
3. '조금만 더' 접근법을 쓰자. 스스로에게 "여기에 딱 10분만 쓰고 다른 걸 하자."라고 말하는 것이다. 대개 딱 10분 하고 나면 그 일에 몰두하게 되어 1시간, 혹은 그 이상 지속하게 된다.
4. 맡기자. 시작하기 꺼려지는 것이 어쩌면 당신이 첫발을 내디딜 적임자가 아니기 때문일지 모른다. 당신이 가장 잘할 수 있는 일이 아닐 수도, 당신이 그 일에 적합한 사람이 아닐 수도 있다. 그렇다면 다른 사람에게 일을 맡기는 것이 더 낫다.

5. 일을 끝내지 못하는 이유에 연관된 행동과 태도를 살펴보고 이를 시작하는 데 적용하자. 성공에 대한 두려움, 실패에 대한 두려움, 미루기, 완벽주의 등이 포함될 것이다.

끝내지 못하면 어떻게 될까

이쯤에서 시작한 일을 끝내지 못하는 병이 초래하는 몇 가지 결과를 소개해보자.

- 미국에서는 거의 60만 명의 고등학생이 졸업하지 못하고 학업을 중단한다.
- 미국 대학생의 거의 절반이 학사 학위를 받지 못하고 중퇴해버린다.
- 베네수엘라, 멕시코 및 칠레에서는 2015년에 대상 학생의 19퍼센트만이 대학을 졸업했다.
- 박사 학위를 마치지 못하는 과정생들은 엄청나게 많다. (레베카 슈만Rebecca Schuman의 논문 〈학위 논문만 못 쓰는 사람들All But Dissertation Company〉에 따르면 10년 이내에 학위를 마치는 경우는 인문학 49퍼센트, 사회과학 56퍼센트, 이공학 분야 55~64퍼센트라고 한다.)

학업과 관련된 이 네 가지 상황만 보더라도 시작한 일을 끝내지 못하는 것이 교육, 경력, 수입, 심지어 자존감에까지 크나큰 영향을 미칠 수 있음을 알게 된다. 다른 영역의 사례도 얼마든지 있다. 당신의 사례도 있을 것이다. 이 책은 어째서 이런 상황이 발생하는지, 어떻게 대처함으로써 일을 끝낼 수 있을지 이해하는 데 도움이 될 것이다.

본격적으로 들어가기 전에 간단한 문항에 답해보도록 하자.

나는 끝내기 능력을 개선할 수 있을까?

다음 열 개의 문항은 일을 끝내는 데 중요한 시간관리 기술을 얼마나 갖추고 있는지 스스로 평가하기 위한 것이다. 종이에 써도, 컴퓨터를 사용해도 좋다.

1. 현재 끝내지 못한 일, 프로젝트 또는 인간관계가 하나 이상 있다.
예 _____ 아니요 _____

2. 직장에서 업무 마감 시간 연장을 요청해야 한다.
예 _____ 아니요 _____ 가끔 그렇다 _____

3. 과업 하나를 마치는 데 필요 이상으로 시간이 오래 걸린다고 느낀다.
예 _____ 아니요 _____ 가끔 그렇다 _____

4. 직장 동료나 가까운 친구가 당신을 완벽주의자라 부른 적이 있다.
예 _____ 아니요 _____ 가끔 그렇다 _____

5. 필요한 배경 조사를 하는 데 충분히 시간을 쓰는 편이거나 지금 하는

  일이 시간을 가장 잘 쓰는 방법인지 확인하려는 편이다.

  예 _____ 아니요 _____ 가끔 그렇다 _____

6. 당신에게는 중요하지만 직장이나 다른 이들에게는 그리 결정적이지

  않은 미완성 상태의 과업, 프로젝트 또는 인간관계가 있다.

  예 _____ 아니요 _____ 가끔 그렇다 _____

7. 한꺼번에 너무 많은 일을 해야 하는 상황이라고 느낀다.

  예 _____ 아니요 _____ 가끔 그렇다 _____

8. 일을 미루는 편이다.

  예 _____ 아니요 _____ 가끔 그렇다 _____

9. 업무나 인간관계 유지를 위해 필요한 수준 이상으로 자주 스마트폰을

  확인한다.

  예 _____ 아니요 _____ 가끔 그렇다 _____

10. 'No'라고 대답하고 싶은 순간에 'Yes'라고 말하는 편이다.

  예 _____ 아니요 _____ 가끔 그렇다 _____

시작한 일을 반드시 끝내는 습관

답변을 살펴보자. 5번을 제외한 질문 아홉 개에 '예'라고 답했다면 끝내기와 관련된 문제가 있다는 뜻이다. (일에 착수하기 전에 필요한 조사를 한다는 5번 질문에 '예'라고 답한 것은 훌륭하다.)

5번을 제외한 질문 아홉 개에 '아니요'라는 답변이 하나 이상이라면 해당 문제에 있어 끝내기와 관련한 당신의 시간관리 기술은 훌륭하다고 할 수 있다.

'가끔 그렇다'라는 답변이 나온 경우가 있다면 해당 문제에 있어 끝내기와 관련한 당신의 시간관리 기술은 개선될 필요가 있다.

일이 되도록 만들고 싶은 사람, 더 성공적이고 생산적으로 살고 싶은 사람에게 끝내기는 필수적인 기술이다. 몇 년 동안이나 출판사에서 일했지만 혹시라도 잘못된 결정을 내릴지 모른다는 걱정 때문에 무엇 하나 끝내지 못해 결국 해고된 편집자가 떠오른다.

직장에서 당신의 명성은 요청받은 일을 정해진 일정에 맞춰 끝낼 수 있는가에 좌우된다. 이 책을 한 장 한 장 읽어나가면서 당신은 좀 더 효율적으로 꾸준히 일을 끝마치는 사람으로 변모해갈 수 있을 것이다.

이 책의 구성과 활용법

이 책은 총 4부로 구성되어 있고 1부 '원인'은 네 장으로 이루어져 있다.

1장에서는 실패나 성공에 대한 두려움부터 완벽주의와 미루기 등에 이르기까지 일을 중단하게 만드는 가능한 모든 이유를 검토하겠다. 다른 장들과 마찬가지로 1장도 연습 문제로 끝난다.

2장에서는 일을 끝내지 못하도록 하는 가장 큰 원인으로 꼽히는 '할 일이 너무 많은 상황'을 다룰 것이다.

3장에서는 미루기 성향을 해결함으로써 더 많이, 더 빨리 일을 끝낼 수 있다는 점을 설명한다. 이전에 미루기 관련한 책을 읽은 경우라 해도 새로운 접근법일 것이다. 나는 과거에 '창조적인 미루기 기법'을 옹호하는 입장이었다. 일을 중단하고 시간을 허비하는 대신에 우선순위 높은 다른 일을 하는 것 말이다. 하지만 창조적인 미루기가 지속적으로 잘못 활용되는 경우 미완의 일이 한없이 쌓여가는 결과가 나오고 만다. 이 때문에 3장에서는 '한 번에 한 가지 일'이라는 보다 보수적인 방식을 강조하려 한다.

1부의 마지막인 4장에서는 마감 시한이 공포스러운 대상이기보다는 축복임을 다룬다. 마감 시한은 우리가 좀 더 체계적으로 일을 진행하도록 동기를 부여해준다.

다음 2부에서는 일을 끝내지 못하는 실패에 대한 더 많은 해결책이 제시된다. 총 다섯 개 장으로 나누어 일을 끝내기 위한 구체적인 기법을 소개할 것이다. 5장에서 소개하는 'FINISH 방법'은 끝낸다는 뜻의 영어 단어 FINISH를 머리글자로 하는 방법이다.

6장에서는 목표 설정과 장단기 목표 명확화가 얼마나 중요한지 최신 자료들을 바탕으로 살펴볼 것이다. 목표 설정의 강력한 도구인 'SMART 방법'도 소개된다.

7장은 끝내지 못하는 병을 치료하는 또 다른 방법을 알려준다. 바로 그날 하루에 해야 할 일을 명확히 해두는 것이다. 7장에서 소개하는 '할 일 목록'은 거대한 프로젝트를 관리 가능한 작은 과업들로 쪼개는 방법도 된다.

8장은 끝내기라는 도전을 한층 어렵게 만드는 행동 유형에 초점을 맞춘다. 상대의 마음을 다치게 하지 않고 'No'라고 말하는 방법을 익힘으로써 상황을 개선할 수 있다.

9장에서는 더 많은 과업과 프로젝트를 끝내게 해주는 강력한 수단인 '남에게 맡기기'를 다룬다. 동시에 해야 할 일이 너무 많은 것뿐 아니라 모든 일을 자기가 해내려는 성향 역시 일을 끝내지 못하는 중요한 원인이다. 남에게 맡기는 것은 여유 시간을 확보해 당신이 가장 잘할 수 있는 일에 집중하기 위한 강력한 도구다. 핵심은 누구에게, 그리고 어떻게 효과적으로 일을 맡길 것인가다. 물론 사람뿐 아니라 기술에 일을 맡겨 시간을 절약하고 에너지 낭비를 막는 방법도 있다. 어떤 기술이 유용할까? 기술을 익히는 데 시간과 에너지를 소진하는 일 없이 잘 활용하는 방법은 무엇일까?

3부는 10장과 11장으로 구성된다. 3부에서는 당장 무엇을 해야 하는지에 대한 판단을 해보려 한다. 무언가를 끝내지 못하는 것이 왜 시험대가 되는지 알아보고 이 미완성의 이면에 숨은 진짜 이유를 평가, 분석하면서 '끝내는 것'이 최고의 행동이라는 결론에 도달하게 될 것이다.

10장의 핵심 내용은 과업을 마무리하는 데에 무의식적으로 저항하거나 나쁜 버릇을 드러내는 대신 의식적으로 무엇을 언제 끝낼지 선택하라는 것이다.

11장에서는 시작한 모든 일을 끝내는 삶이 어떤 것일지 알아본 후 더 생각해볼 사항으로 성인 ADHD의 진단과 약물 복용, 그리고 프로젝트 관리자와의 협업 가능성에 대해 다루었다.

4부의 12장에는 책 집필 작업을 마무리하고 출판하기 전에 중단해버리는 성향을 어떻게 극복하면 좋을지 구체적인 방법을 모아보았다. 열정에 불타는 예비 작가든, 이미 여러 권을 낸 기성 작가든 미루기 뒤에 숨은 원인을 파악하고 해결함으로써 책 집필이라는 길고 복잡한 과업을 끝낼 수 있게 될 것이다. 그리고 13장에는 '액션 ACTION ! 전략 워크시트', '할 일 목록' 등의 샘플을 모아두어 당신이 실제로 활용할 수 있도록 하였다.

처음부터 끝까지 다 읽은 다음 각 장 마지막의 연습을 해도 좋고 한 장씩 읽어가면서 연습을 해도 좋다. 개인 취향에 따라 연습을 건너뛸 수도 있지만 시간을 내 직접 해본다면 더 많은 것을 얻게 되리라 생각한다.

이 책을 도서관에서 빌린 경우 직접 답변을 적어야 할 연습 부분이나 실제 활용할 수 있는 13장의 내용을 얼마든지 복사해 사용해도 좋다. 저자인 내가 이 지면을 통해 허락하는 바다.

이 책의 목표는 끝내지 못하는 병의 원인과 가능한 해결책을 알아보고 끝내고 싶은 일을 더 잘 끝내는 능력을 부여하는 데 있다.

이 책을 통해 당신은 이전 어느 때보다 더 많은 일을 끝내는 방법을 알게 될 것이다. 그리고 더 많이 해낼 역량을 갖추게 될 것이다. 쌓여 있는 미완성 과업들을 줄이거나 없앰으로써 거기에 수반된 자기의혹, 자기원망, 낮은 자아존중감을 해결하고 더 생산적인 사람이 될 것이다. 이는 더 큰 성공과 행복으로 이어지게 된다.

1 모든 일, 혹은 중요한 일만이라도 잘 끝내는 법을 배우고 싶은 이유는 무엇인가?
다음 중 해당되는 것을 골라보자. 동그라미를 쳐도, 형광펜으로 칠해도, 체크
표시를 붙여도 좋다. 그리고 해당 목록을 머릿속에 담아 이 책을 끝까지 읽기
위한, 그리고 당신의 시간관리 능력을 개선하기 위한 동기부여 요소로 삼자.

기분 좋은 느낌을 위해   더 정돈된 느낌을 받으려고
생산성을 높이려고   더 많은 일을 하려고
개인 시간을 더 확보하려고   경력을 더 쌓으려고
스트레스를 덜 받으려고   돈을 더 많이 벌려고
더 체계적으로 살려고   더 성공하려고
삶의 혼란을 덜려고   성적을 더 잘 받으려고
스트레스 없이 일하려고   걱정을 덜 하고 살려고
잘 끝내는 사람이라는 평판을 얻으려고   기타 _____
더 행복해지려고   기타 _____

위에서 선택한 동기부여 요소들은 일을 잘 끝낸 후 어떤 느낌을 받게 될 것인지
예상하는 기준이 될 것이다. 이 책을 다 읽고 연습 문제를 풀어보며 몇 가지
조언을 실천에 옮겨보자. 그리고 더 많은 과업과 프로젝트를 끝내고 난 후 예상
했던 느낌이 드는지 확인해보자.

2 집중력 부족과 시간 낭비 요소들 때문에 일을 끝내지 못하는 문제에 시달리고
있다면 스마트폰을 얼마나 자주 확인하는지 점검할 필요가 있다. 스마트폰 외
에도 이메일 확인 빈도, 페이스북이나 인스타그램을 비롯한 소셜미디어 사용
시간도 살펴야 한다. 12시간 혹은 24시간 동안 자신의 행동을 모니터해보자.
소셜미디어를 확인하는 횟수뿐 아니라 한번 앉은 자리에서 얼마나 많은 시간을
쓰는지 또한 확인해보자.

스마트폰 확인 빈도

30분 동안 _____ 회

1시간 동안 _____ 회

2시간 동안 _____ 회

12시간 동안 _____ 회

소셜미디어 확인 횟수와 시간

소셜미디어	1시간 동안 확인하는 횟수	매일 쓰는 시간
페이스북	_____	_____
인스타그램	_____	_____
트위터	_____	_____
기타	_____	_____

How to
Finish
Everything
You Start

자신이 하고 싶은 일을 미루게 되는 까닭은 대체 무엇일까? 그 대신 하는 일이 덜 재미있을 수도 있는데 말이다. 보고서 작업을 끝내면 승진에 도움이 된다는 것을 알면서도 스트레스 많은 무작위 전화 마케팅을 하는 이유는? 웹개발 교육을 받고 나면 자신만의 창의적인 웹사이트를 만들 수 있고 돈도 절약될 텐데 자꾸 미루기만 하는 이유는?

1장

결심이 매번 작심삼일로
끝나는 이유

나쁜 습관 22가지

연구 결과 우리가 시작한 일을 끝내지 못하게 만드는 믿음, 행동, 나쁜 습관 22가지가 밝혀졌다. 바로 다음과 같다. 차례로 살펴보기로 하자.

1. 실패에 대한 두려움

2. 성공에 대한 두려움

3. 완벽주의

4. 종료에 대한 두려움

5. 미루기 (4장에서 본격적으로 다룬다.)

6. 나쁜 계획

7. 나쁜 진행 속도

8. 비현실적인 기한 설정

9. 너무 많은 과업 (3장에서 다룰 것이다.)

10. 비체계성

11. 감정적 동요

12. 분노

13. 압박받는 상황

14. 잠깐 중단하는 것

15. 눈에서 멀어져 마음에서도 멀어진 것

16. 일이 끝나지 않았는데 다른 일을 시작하는 것

17. TV, 비디오 게임, 소셜미디어, 인터넷 등의 방해 요소

18. 지각 습관

19. 자신이나 목표에 대한 과소평가

20. 자신이나 목표에 대한 과대평가

21. 계획 수립 실패 혹은 방해 요소 허용

22. 노력의 일관성 결여

실패에 대한 두려움

'작업이나 프로젝트를 끝내지 않는다면 실패는 아니다.' 이런 생각이 의식적으로든 무의식적으로든 끝내기를 방해한다. 이 두려움의 비극은 끝내기에 실패함으로써 결국 두려워하는 바로 그 실패를 겪게 된다는 데 있다. 당신이 세상 최고로 멋진 보고서를 작성할 수 있는 사람이라고 하자. 그렇다 해도 일주일 이상 필요한 일을 상사가 당장 다음 날 제출하라고 한다면 결과물은 미흡할 수밖에 없다.

실패에 대한 두려움은 어디에서 오는 것일까? 인생의 초기에 시작되는 경우가 많다. 95점으로는 충분하지 않다는 말을 듣는 아이일 때, 더 높은 순위의 대학에 지원해야 한다는 말을 듣는 10대일 때 말이다. 부모, 교사, 기타 권위 있는 인물들은 아이의 자존감을 키워주는 대신 기대에 미치지 못한다는 말로 실패감을 느끼게 한다. 아이는 이 교훈을 몸에 완전히 익혀버린다.

어쩐지 익숙한 상황인가? 당신이 일을 끝내지 못하는 이유가 여기에 있을지 모른다. 이 문제를 어떻게 해결해야 할까?

첫째, 일을 끝내고 난 후 발생할 수 있는 최악의 상황을 상상해보라. 처음부터 다시 해야 한다는 말을 듣는 상황, 당신 아닌 다른 사람이 상을 받는 상황 등을 말이다. 실망감을 극복해내는 자신을 상상할 수 있는가? 나쁜 소식을 의연하게 받아들이는 자기 모습은 어떤가?

이번에는 당신의 보고서가 가장 우수하다고 인정받는 상황을 상상해보라. 경쟁자 78명을 제치고 상을 받는 자기 모습을 떠올려라. 그 기쁜 소식을 잘 받아들일 수 있는가?

다음으로 최고와 최악이라는 두 극단적 상황 사이의 어딘가를 상상해보자. 보고서를 수정할 필요가 있지만 상사는 당신이 제대로 수정할 수 있다고 믿어준다. 상을 받지 못했지만 내년에 다시 도전해보면 좋겠다는 말을 듣는다.

믿음, 행동, 나쁜 습관 22가지 중에 무엇이 자신에게 해당하는지 인식하는 것이 첫걸음이다. 끝내기를 방해하는 그 문제의 이유를 스스로 고민해보고 분석하려는 노력이 효과가 없다면 치료사의 도움을 받는 방안도 고려해보라. 오래 지속된 성향이라면 당신의 발목을 잡는 문제의 근본 원인을 찾아내야 한다.

실패에 대한 두려움은 중간에 그만두거나 결국 끝내지 못하는 전형적인 이유다. 몇 가지 해결책을 제시해보면 다음과 같다.

1. 자신감을 안겨주는 훈련과 경험을 하라

자신감이 있으면 실패 확률이 줄어든다. 성공 능력을 강화함으로써 앞으로 나아가 끝마칠 자신감도 키울 수 있다.

2. 일을 끝낸 후 겪게 될 최악의 상황과 이를 극복하는 자기 모습을 상상하라

《대중 앞에서 말하기 패스트 트랙 가이드The Fast Track Guide to Speaking in Public 》라는 책에서 나는 최악의 말하기 상황 12가지를 소개했다. 그리고 '각 상황을 해결하고 극복하는 자기 모습 상상하기'라는 방법을 제시했다. 청중이 한 명도 남지 않고 나가버리는 상황부터 말하고자 했던 내용을 잊어버리는 상황, 청중들의 야유를 받는 상황까지 대중 앞에서 말하는 연사라면 누구나 해결해야만 하는 상황들이다.

이 혹독한 상황을 견디고 계속 말을 이어갈 수 있는지가 아마추어와 전문가를 가른다. 마찬가지로 무언가 끝내는 데 실패하는 상황이라면 끝낸 후 발생한 최악의 상황, 예를 들어 비난을 받는 상황에도 의연한 자기 모습을 상상함으로써 앞으로 나아갈 용기를 낼 수 있다.

일자리를 구할 수 있는지 알 수 없다는 이유로 졸업을 두려워하는 상황인가? 그 불확실성을 견딜 수 없는가? 학위가 있다면 견뎌낼 수 있다. 나쁜 평을 받을지 모른다는 걱정 때문에 책 작업을 마치고 출판하기가 두려운가? 이겨내기 어렵다고 생각하는가? 위대한 책들, 예를 들어 허먼 멜빌Herman Melville 의 《모비 딕》도 처음에는 호된 비판을 받았다는 점을 기억하라.

3. 실패를 용기의 훈장으로 새로이 바라보라

최종 승리를 이루려면 실패가 필요하다. '성공을 향해 실패한다.'라는 말도 있지 않은가. 뒤에서 다시 소개하겠지만 토머스 에디슨Thomas Edison 은 세상을 바꾼 전구를 발견해내기에 앞서 무려 1000번이나 시행

착오를 거쳤다. 이런 예는 무수히 많다. 여러 실패를 거쳐 마침내 성공한 이야기를 잠깐 인터넷에서 검색해보라. 월트 디즈니Walt Disney 는 테마파크 자금 지원을 받기까지 300번 넘게 거절의 말을 들었다. 해리 포터 시리즈로 억만장자가 된 작가 J. K. 롤링J. K. Rowling 은 노숙자나 다름없는 신세였고, 첫 소설은 12번이나 출간을 거절당한 끝에 빛을 보았다.

당신이 끝내지 못하고 있는 것이 무엇이든 좋다. 성공은 가능하다. 다만 계속 밀고 나가 끝을 보지 않는 한 성공 여부는 절대 알 수 없다.

4. 미루고 있는 상황에서 무엇이 문제인지 인식하고 변화를 만들라

미루고 있는 일이 실패로 이어질 수 있다는 두려움을 느낀다면 긍정적인 두려움일 수 있다. 변화를 이루고 더 많이 노력하고 다르게 접근해야 한다는 점을 드러내기 때문이다. 실패를 두려워하는 대신 과업을 비판적으로 재평가하라. 실패할 가능성이 있다고 생각되면 변화를 줘 성공 확률을 높여라.

5. 실패를 성공을 위한 훈련의 장으로 여겨라

중요한 일에서 크게 무너져보지 않는다면 다시 일어서는 법을 배우지 못한다. 일을 끝내지 않는다면, 그리하여 평가받지 못한다면 계속 나아갈 힘을 어떻게 키울 수 있겠는가?

6. 끝내지 않으면 두려워하던 그 실패가 찾아온다는 점을 기억하라

그만두는 것, 결국 끝내지 못하는 것은 실패의 한 유형이다. 재고의 여지가 조금도 없다는 점에서 어쩌면 최악의 실패다. 중단하고 싶어 의식적으로 끝냈다면 이건 다른 문제다. 하지만 단순히 시도를 멈추는 것, 무언가 혹은 누군가 때문에 수동적으로 보류하는 것은 자기 경력이나 인생의 주도권을 놓아버리는 셈이다.

성공에 대한 두려움

성공에 대한 두려움은 실패에 대한 두려움과 동전의 양면을 이루지만 더 은밀하다. 그러나 결과는 비슷하다. 우리를 마비시켜 일을 끝내고도 제출하지 못하도록 만든다.

성공을 두려워하게 되는 이유는 무엇일까? 형제자매보다 더 똑똑한 아이, 운동을 더 잘하는 아이로 자라는 경우 자신의 성취에 죄의식을 느껴 일을 끝내고 공개하는 것을 주저하게 된다. 탁월함에 대해 복합적인 감정을 느끼는 것이다. 당신이 칭찬받는 상황이 동료들을 열등하게 보이게 한다는 두려움을 느낄 수 있다.

부모님이 자기 삶에서 원하던 바를 성취하지 못했다고 느끼는 상황이라면 당신에게 프로젝트를 끝냄으로써 부모님보다 뛰어난 존재로 보일지 모른다는 두려움이 생겨날 수 있다.

성공에 대한 두려움의 바탕에는 이런 원인이 숨어 있을 수 있다. 물론 앞서 말했듯 동료나 상사보다 뛰어난 존재로 비칠 수 있다는 보다 표면적인 이유도 가능하다. 그리하여 성공을 거부하는 방법으로 일을 미루는 것이다.

이 경우 비난, 비판, 실망 등 성공과는 정반대의 서글픈 결과가 빚어진다. 그게 당신에게 더 편하다면 이는 무의식적인 '보상'으로 작용한다. 실패에 대한 두려움과 마찬가지로 일을 끝내고 마땅한 칭찬을 받지 못하도록 가로막는 이러한 감정적 함정에서 벗어나려면 충분한 자기탐색과 자기대화가 필요하다.

완벽주의

나는 내 담당 의사와 교정교열 담당자가 완벽주의자이기를 바란다. 그 밖의 다른 사람들에 대해서는 달성 가능한 우수함을 목표로 삼는 것이 비현실적인 완벽주의를 추구하는 것보다 효율적이라고 생각한다. 완벽주의는 어떻게 끝내기를 방해할까? 완벽주의자는 '제대로 해내기 위해' 무언가를 다시 하고 또다시 하기를 반복한다. 정보와 의도가 정확히 담길 때까지 이메일을 계속 수정하는 것은 시간 낭비가 아니다. 다만 결과물이나 혜택에 비례하지 않을 정도로 많은 시간, 에너지, 능력을 쏟아붓는다면 이는 시간 낭비가 된다.

완벽주의의 원인을 찾으려면 어린 시절과 10대 시절을 돌이켜 봐야 한다. 절대로 만족하지 않았던 부모나 교사, 99점은 불충분하고 100점을 받아야 한다고 말한 아버지, A가 아니므로 비난받아 마땅한 B+……. 성장기에 받은 이러한 메시지에서 끝내 벗어나지 못하는 안타까운 사람들이 있다. 이러한 비현실적인 기준들 때문에 당신이 일 끝내기를 두려워한다는 점을 인식하는 것이 핵심이다.

그렇다고 해서 조잡한 보고서를 제출하라거나 맞춤법과 문법 오류를 점검하지 않고 글을 끝내라는 뜻은 아니다. 다만 놓을 때가 되면 놓는 법을 배워야 한다는 의미다. 최선을 다했다면 그 결과를 내보낼 때다. 자기 작업을 다른 사람들과 공유하고 피드백을 받고 싶은 마음, 막 끝낸 일이 최선의 결과물임을 확인하고 싶은 마음이 아마 당신 안에도 있을지 모른다. 하지만 최선을 다한 결과물임을 확인하는 것과 불완전할 수 있다는 걱정으로 며칠, 몇 주, 몇 달 또는 몇 년 동안 시간만 보내는 것은 다르다. 이러다 보면 책, 놀이, 사업 계획, 웹사이트 수정 등 미완의 일이 계속 쌓이게 된다.

완벽주의가 끝내기를 막고 있다면 다음과 같은 몇 가지 해결책이 있다.

1. 자신이 완벽주의자임을 깨달아라

다른 시간 낭비 요소나 나쁜 습관과 마찬가지로 첫걸음은 자기 특성과 대면하는 것이다. 자신을 책망하거나 비판하지 말고 일단 현실을 직시하라. 당신은 완벽주의자고 이 때문에 과업을 마무리하지 못한다. 그러면 어떻게 해야 할까?

2. 당신을 포함한 그 누구도 완벽하지 않다는 것을 인정하라

자신이 완벽주의자임을 깨달았으니 이제 완벽하지 못한 존재로서의 자기 모습을 받아들여야 한다. 그래야 상황에 적절한 것 이상으로 해내려고 하는 충동을 통제할 수 있다. 다시 말해 한 번만 고치면 충분할 이메일을 12번씩 수정하는 일을 피하게 된다. 완벽한 블로그 글을 올리고 싶은 마음에 결국 업로드를 미루다가 시사적 이슈에 제때 의견을 표출할 기회를 잃어버리는 상황을 면하게 된다. 아마 다음과 같은 다짐의 말이 유용할 것이다.

- "나는 불완전한 존재다."
- "나는 지금 그대로의 자신을 사랑한다."
- "나는 완벽함이 아닌 훌륭함을 추구하는 것으로 만족한다."

3. 칭찬 혹은 부정적인 피드백을 받아들이는 법을 익혀라

끝을 내지 않고 작업을 계속하는 완벽주의자는 완벽하지 않음에 대한 비난을 두려워하는 것일 수 있다. 만약 불완전함을 이미 받아들인 상태라면 작업에 대한 칭찬에 불편을 느끼는 것일 수도 있다. 어떤 피드백이 나오는 상황에서든 편안하게 받아들이는 연습이 필요하다.

4. 비현실적인 완벽함이 아닌 달성 가능한 훌륭함으로 기준을 조정하라

앞서 언급했듯 달성 가능한 훌륭함에 초점을 맞춘다면 비현실적인 기준 때문에 일을 그만두거나 끝없이 계속 작업하는 상황에서 자유로워진다.

5. 다른 사람에게 맡기거나 협력하라

혼자서 하기가 너무 힘들다면 일부나 전체를 남에게 맡기거나, 마무리를 책임질 누군가와 협력함으로써 성공적으로 끝낼 수 있다.

6. 완벽주의에는 나름의 대가가 따른다는 점을 기억하라

절대로 만족하는 법이 없는 완벽주의자 상사들은 부하직원들이 그 무엇도 충분하지 못하다고 느끼는 가혹한 환경을 만들어버리고 만다. 상사가 기대하는 완벽하게 높은 기준을 달성하기 위해 노력하는 대신 패배감과 무력감을 느끼게 되는 것이다. 그리하여 자신의 노력이 인정과 보상을 받을 수 있는 새로운 직장이나 부서를 찾게 될 수도 있다. 당신이 완벽주의자 상사라면 인적자원관리나 리더십 면에서 부정적인 평가를 받기 쉽다.

완벽주의 기준에 따라 어린 자녀나 10대 자녀를 압박하고 있는 부모라면 달성 불가능한 기준을 설정함으로써 자녀의 마음속 깊숙이 불안감을 조성하고 있음을 인식해야 한다.

인간관계에서도 친구나 연인에게 완벽한 기준을 요구하는 것은 멋진 유대감 조성을 가로막는다. 당신 자신뿐 아니라 당신에게 중요한 사람들의 불완전함까지도 받아들여야 한다.

종료에 대한 두려움

종료에 대한 두려움 때문에 일을 끝내지 못한다면 그 바탕에는 낮은 자존감과 불안감이 자리 잡고 있을 가능성이 크다. 완벽주의가 문제라면 완벽하지 못할 것 같다는 생각에 끝내기를 두려워하게 된다. 종료를 미루고 작업을 계속하는 경우 최소한 부정적 피드백은 면할 수 있기 때문이다.

종료에 대한 두려움과 관련해 이런 질문을 던져보자. 일을 끝내지 못하는 내 성향은 감정에 어떤 영향을 미치는가? 그 행동의 의식적, 또는 무의식적 이점은 무엇인가? 무언가를 끝내는 경우 그 결과는 긍정적일까, 부정적일까? 혼자서 문제를 해결할 수 있는가, 아니면 도움이 필요한가? 당신은 당신이 해낸 일은 모두 부족하다고 여기는 부모님 밑에서 자랐는지도 모른다. 아무리 열심히 해도 칭찬해주는 법 없는 선생님의 가르침을 받았을 수도 있다.

종료에 대한 두려움은 지금 하는 작업을 끝내고 나면 지루해질 것이라는 생각에서 올 수도 있다. 모든 것을 쏟아붓고 있는 중요한 일이라면 특히 그렇다. 한 번에 너무 많은 일에 매달리지 않으면서도 지루함에 대한 두려움을 해결하려면 하나가 마무리되었을 때 다음 차례로 하게 될 일을 최소한 하나는 마련해둘 필요가 있다.

끝낸 과업이 어떤 평가를 받을지 걱정이라면 작업을 미루거나 괜히 다른 일을 시작하거나 할지 모른다. 무언가를 끝내는 두려운 상황을 어떻게든 피하려는 것이다. 이제 바로 그 미루기 문제를 살펴보자.

미루기

지금 개략적으로 다루고 이후 3장에서 더욱 본격적으로 설명하겠지만, 미루기는 일을 끝내지 못하게 만드는 엄청난 시간 낭비 요소다. 하지만 이를 인정한다고 해서 문제가 해결되지는 않는다. 미루기는 다른 이유들과 다르다. 미루기는 표면적 신호다. 어째서 미루는 것일까? 과업을 미루는 행동이 자신에게 말하는 바는 무엇일까? 애초에 당신이 맡아서 하기에 적절한 일이 아니었던 것은 아닐까? 뭔가 다른 일이 더 중요하다고 판단했기에 우선순위에서 뒤지는 이 일을 미루고만 있는 것은 아닐까?

당신이 자꾸 미루는 사람이라면 그 이면에 자리 잡은 진짜 이유를 찾아야 한다. 그래야 해결책이 나온다. 미루면서 속도를 늦추고 시작 단계에서 확인해야 할 사항을 점검하는 것일 수도 있다. 당신이 떠맡기는 했지만 실은 부서의 다른 직원이 작성해야 할 보고서일 수도 있다. 다른 사람이 해야 마땅할 일을 떠맡았다는, 혹은 너무 단순하거나 너무 어려운 일을 해야 한다는 분노 때문에 미루는 것일지도 모른다.

끝내기를 방해하는 행동, 믿음 또는 나쁜 습관 22가지 모두 마찬가지지만 일단은 미루는 이유를 찾아내야 한다. 구체적인 이유를 생각하자. 자신이 자꾸 미루는 사람이라고 생각해버리고 마는 것은 아무 소용이 없다. 미루는 사람이 되어버린 이유를 살펴보자.

당신이 끝내야 하지만 미루고 있는 일은 무엇인가? 아래 칸에 간단히 적어보자.

현재 미루고 있는 이유를 최소한 하나, 최대 세 개까지 적어보자.

이유 1 _____

이유 2 _____

이유 3 _____

이제 이유를 하나씩 검토해보자. 공통점이 있는가? 당신이 미루게끔 만드는 상황 구조가 드러나는가? 아래에는 그 일을 끝내지 않고 미룸으로써 생기는 결과를 적어보라.

결과 1 _____

결과 2 _____

결과 3 _____

끝내지 못했을 때 나타날 결과에 대해 알게 되었다면, 이제는 끝냈을 때 스스로에게 어떤 보상이 있을지 생각해보자.

보상 1 _____

보상 2 _____

보상 3 _____

어떤 보상이 있는가? 영화 보러 가는 것? 저녁에 외식하러 나가는 것? 새 컴퓨터를 구입하는 것?

나쁜 계획

보통 나쁜 계획은 과업에 어떤 내용이 포함되어야 하는지 제대로 알지 못하는 문제가 아니다. 그보다는 소요되는 시간을 과소평가하는 문제다. 앞선 과업이 언제 끝날지 예상한 후 새로운 과업을 맡았다고 할때, 예상보다 오랜 시간이 걸리는 경우 자기도 모르는 사이에 후속 과업들이 하나둘씩 쌓이고 만다.

《IT 전문가를 위한 시간관리 기술Delivering Time Management to IT Professionals》을 쓰기 위해 프로그래머부터 CEO까지 다양한 층위의 IT 전문가들과 인터뷰를 진행하면서 나는 이 문제의 심각성을 잘 인식하게 되었다. IT 프로젝트 하나에 소요될 시간을 과소평가함으로써 얼마나 암울한 결과가 빚어졌는지는 에드워드 요든Edward Yourdon 의 책《죽음의 행진》에 잘 나와 있다. 그 책에서 '죽음의 행진'이란 '이성적 판단으로 추산된 소요 기간의 절반 이하 동안 압축적으로 진행되는 소프트웨어 프로젝트'를 말한다. 예를 들면 정상적으로 12개월이 걸려야 할 일이 6개월 미만에 끝나야 하는 상황이다.

정상 소요 기간의 절반 이하에 일을 마무리해야 하는 상황에 동의하는 이유가 무엇이냐고 묻고 싶은가? 이유는 여럿이다. 한 가지 명백한 이유는 소요 기간을 너무 길게 잡았다가는 더 짧은 마감을 제시한 다른 사람에게 일을 빼앗길지 모른다는 프로젝트 관리자(어쩌면 당신)의 의식적, 무의식적 두려움이다. 책 집필 같은 장기 프로젝트든 비즈니스 계획 수립이나 프로그램 평가 같은 단기적인 프로젝트든 말이다. 한 번도 해본 적 없는 새로운 프로젝트라 소요 기간을 추정하기 어려운 탓에 문제가 발생하기도 한다.

특정 시한에 동의하게 되는 또 다른 이유는 그 시점에 한가하기 때문일 수도 있다. 그 일을 마치는 데 그 정도의 시간이면 충분하다고 판단하는 것이다. 하지만 삶에는 온갖 일이 발생하기 마련이고 어느새 마감 날짜는 코앞으로 다가오는 법이다.

한 번만 벌어진 일이라면 상황을 설명하고 처리하기가 훨씬 쉽다. 비슷한 일이 반복되어 계획을 제대로 못 세우는 사람으로 인식되지 않았다면 말이다. 그럼 어떻게 해야 나쁜 계획이 아닌 정확하고 훌륭한 계획을 세울 수 있을까? 몇 가지 방법을 제시하면 다음과 같다.

1. 약속을 덜 하고 실행을 많이 하라. 기대치를 낮춘 다음에 그 기대 이상의 결과를 제공하면 탁월한 성과를 인정받을 수 있다.
2. 이전에 비슷한 프로젝트를 수행해 보았다면 그 경험을 떠올려보라.
3. 이 프로젝트와 다른 프로젝트 사이에 차이가 있다면 무엇인지 검토하라. 그 차이로 인해 프로젝트 완료까지 걸리는 시간이 추가되거나 단축되는가?
4. 완전히 새로운 프로젝트라서 시간 계획 측면에서 참고할 정보가 없다면 조금이라도 비슷한 다른 프로젝트와 비교해 정보를 얻어라. 소요 기간을 늘리거나 줄이는 이들 프로젝트의 차이점이나 특징은 무엇인가?

계획 과정은 신중하고 철저해야 한다. 별 자료도 없이 그저 괜찮을 것 같아서 기한을 정해서는 안 된다. 예전의 경험을 조사하고 평가해 기한을 정하면 정할수록 그 설정 기한이 지켜질 가능성이 커진다.

시간관리에는 또 다른 규칙이 있다. 과업 완료에 걸릴 것으로 생각되는 시간이 얼마든 거기에 25퍼센트를 더하는 것이다. 때로는 50퍼센트를 더할 수도 있다.

일은 정해둔 시한만큼 걸리는 법이라는 말이 있다. 이에 따르면 너무 넉넉한 시한은 나쁜 것이다. 얼마나 빨리 시장에 선보이는가가 프로젝트의 성패를 좌우하는 상황에서 불필요하게 기간을 늘리는 것은 역효과를 낳을 수도 있다.

일단은 계획 수립에 충분한 시간을 확보해야 한다. 계획 수립은 프로젝트 시작 시점 혹은 그보다 앞서 이루어진다. 그 시점에서 며칠, 몇 주, 몇 달, 심지어는 몇 년 동안 일이 얼마나 순조롭게 진행될지 결정해야 하는 것이다.

프로젝트 초기의 계획 수립에 더 많은 시간을 쓸수록 일이 잘 진행되어 잘 끝날 가능성이 커진다. 태국의 어느 대학에서 박사 과정을 밟은 학생은 "많은 이들이 깨닫지 못하는 시간관리의 핵심은 이것이다. 큰 프로젝트나 과업을 준비하는 데 쓰는 시간이 실제 실행 단계에서 엄청난 시간을 절약시켜준다는 점 말이다."라고 했다.

나쁜 진행 속도

책 한 권을 하루, 일주일, 한 달 만에 쓸 수는 없다. 하루를 보내면서도 휴식을 취해야 한다. 따라서 하루나 일정 기간 단위로 과업 진행 속도를 잘 관리하는 것은 과업의 완성 여부뿐만 아니라 마무리 시점에서 당신이 신체적, 정신적, 감정적으로 어떤 상태일지를 결정한다.

에드워드 요든은 《죽음의 행진》에서 소프트웨어 프로젝트의 과업 진행 속도가 엉망인 경우가 너무 많다고 했다. 이는 IT나 소프트웨어 개발자들만의 문제가 아니다.

소요 시간을 제대로 계산해내지 못해 밤샘 작업이 이어지고, 잠을 깨기 위해 카페인 음료를 들이키는 산업 현장은 너무도 많다. 대학생들도 여기서 예외가 아니다.

하루에, 혹은 더 긴 기간 동안에 할 수 있는 일이 얼마만큼인지 현실적으로 고려한 후에야 프로젝트 소요 기간이 나올 수 있다는 점을 꼭 기억하라.

비현실적인 기한 설정

애초에 현실적인 마감 시한을 설정했다면 개인의 삶이나 직장의 일, 혹은 또 다른 과업들이 산더미처럼 쌓여 무엇 하나 끝내지 못하는 상황에 처하지 않았을 것이다. 이미 진행 중인 프로젝트에 대해서는 현실적인 마감 시한을 다시 설정하기가 어렵지만 미래에는 희망이 있다는 것을 꼭 기억하도록 하자.

어떻게 해야 현실적인 마감 시한을 정할 수 있을까? 앞서 언급했듯 그 일을 해내는 데 얼마나 오래 걸릴 것인지를 생각해야 한다. 이전에 비슷한 일을 완료하기까지 시간이 얼마나 걸렸는지가 기준이다. 이게 불가능하다면 최소한 관련된 다른 작업, 다른 사람이 했던 작업들의 정보를 모아 예측해야 한다. 비슷한 상황에 처해본 다른 이들에게 묻거나 인터넷에 검색을 해보자. 글쓰기, 편집 작업, 전화통화, 연례회의 연사들의 직통 연락처 확보 등 다양한 일마다 처리 시간은 달라지는 법이다.

조사와 경험을 바탕으로 마감 시한을 결정하는 것이 아니라, 상대의 기분을 맞추기 위해 무작정 날짜를 정하는 상황이라면 타당성 여부를 생각할 필요 없이 그저 상대가 제안하는 일정에 동의하면 될 것이다.

너무 많은 과업

동시에 해야 할 일이 너무 많은 상황은 무엇 하나 끝내지 못하는 가장 큰 이유이므로 다음 장 전체가 여기에 할애될 것이다. 시간, 에너지, 집중력으로 볼 때 한 번에 하나밖에 할 수 없는 상황인데 프로젝트 다섯 개를 하기로 했다면 결국 미완성된 프로젝트들과 책임감 속에 허우적댈 수밖에 없다.

내가 남녀 직장인 234명을 대상으로 한 설문조사에서 시간을 낭비하게 하는 가장 큰 원인이 무엇인지 물었을 때 '동시에 너무 많은 일을 하려고 해서'라고 응답한 비율이 33퍼센트로 가장 많았다. 두 번째에서 다섯 번째로 많은 답변은 미루기, 'No'라고 말하지 못하는 성향, 지나치게 많은 서류 작업, 완벽주의였다.

동시에 너무 많은 일을 하게 되면 시간관리와 업무 완료에 큰 문제가 생긴다. 우편과 이메일로 생각해보자. 예전에는 편지를 받으면 편지함에 넣어두었다가 편한 시간에 읽었다. 누가 보냈는지 궁금해서 다른 사람이 편지를 개봉하는 사고가 일어나기는 했지만 어떻든 대체로 우편물 관리는 어렵지 않았다.

반면 오늘날 우리가 당면한 상황은 어떤가? 스마트폰으로 이메일이 들어온다. 〈뉴욕 포스트_{New York Post}〉에 실린 사우스웨스트 뉴스 서비스 South West News Service 의 조사에 따르면 미국인들은 매일 80회 휴대전화를 확인한다고 한다. 12분에 한 번꼴이다. 2000명을 대상으로 한 조사에서는 열 명 중 한 명이 4분마다 스마트폰을 확인하는 것으로 나타났다.

확인하는 순간마다 메일을 읽든 안 읽든 간에 주의가 분산되는 것은 분명하다. 우편을 놓아두고 시간 날 때 살펴보던 것과는 전혀 다르다.

이메일을 읽는 것만 해도 '너무 많은 일'이라 할 수 있지만 다음 장에서는 더 큰 시각에서 너무 많은 일에 대해 살펴보려 한다. (해결책인 'No라고 말하는 법 배우기'는 2부의 8장에서 다룬다. 다음 장은 일을 끝마치지 못하는 원인 중 하나로서의 '너무 많은 일'을 다룰 것이다.)

비체계성

시작한 일을 끝내지 못하는 것과 비체계성이 어떻게 연결될까? 하려고 했던 일이 무엇인지 아예 찾을 수조차 없다면 끝내기는 불가능하다.

비체계성은 정돈이 안 된 어수선한 상태이기도 하다. 서류와 책들이 수북한 더미를 이루고 있어 작업 중인 프로젝트 파일이 따로 정리되지 않은 상태라면 파일을 찾아 제때 처리하기 어려워진다. 그런 경우 모든 것이 겹겹이 쌓여 엉망인 책상이나 책장을 뒤지며 머리를 쥐어뜯는 대신 다른 일을 붙잡음으로써 그래도 일은 하는 것이라고 자신을 위로하고 싶어지는 법이다.

다행히 비체계성이라는 시간 낭비 요소에는 희망이 있다. 6장에서 이 문제를 다룰 것이다. 통제는 작업 중인 프로젝트 통제만 말하는 것이 아니다. 일터 안, 출퇴근길, 재택근무인 경우 집 안의 업무 공간 통제를 모두 포함한다.

감정적 동요

감정적 흥분 상태라면 프로젝트를 끝내기 어렵다. 감정적 동요는 친구 남편의 사망, 가족의 건강 문제, 인간관계 갈등, 금전적 어려움 등 집중력과 에너지를 빼앗아가는 다양한 상황에서 기인한다.

해야 할 일을 끝내려면 감정적인 힘을 다 모아 쏟아부어야만 하는 것이 우리의 상황이다. 오늘날의 기업이나 전문가 환경에서 시간은 핵심이다. '시간이 돈'이라고? 아니, 시간은 돈을 넘어서 모든 것이다. 하루, 일주일, 혹은 그 이상의 개인적인 시간을 꼭 내야만 한다면 그렇게 하되 일의 진행 상황을 계속 살펴보아야 한다. 감정적 동요가 오래 지속되어 팀과 회사, 더 나아가 자기 자신의 평온을 가로막는다면 필요한 외부 도움을 받아야 한다. 그래야 생산성이 유지되고 더 행복할 수 있다.

당장의 만족을 선택하는 탓에 일에 집중하기 어렵다면 결국 끝내지 못하는 상황에 처할 수 있다. 얼마나 많은 노력이 필요한 일인지 확실히 모른 채 'Yes'라 답했을지도 모른다. 일단 프로젝트를 시작한 후에야 생각보다 할 일이 많다는 것을 깨닫지만 작업의 일부 혹은 전부를 다른 사람에게 부탁하기 불가능한 상황일 수 있다. 혼자서 어떻게든 해낸 뒤 이 경험에서 배워야 할지도 모른다.

이 문제를 해결하는 한 가지 방법은 일을 처리하기 용이한 작은 과업들로 쪼개는 것이다. 이렇게 되면 심리적 불안을 적게 느낄 수 있다. 도무지 엄두가 나지 않는 거대한 프로젝트가 아닌 상대적으로 사소한 과업들을 처리해나가면 되니 말이다.

불안감을 견디고 이겨내는 성향은 오랜 시간에 걸쳐 형성되는 것이고, 따라서 하루아침에 얻어질 수 없다. 다만 자기 성향이 어떤지 인식하고 늘 염두에 두는 것이 중요하다. 이 성향이 부족한 탓에 직장에서 업무를 완료하지 못하고 늘 발목을 잡히는 상황이라면 특히 그렇다.

불안감을 많이 느끼는 편이라면 그 점을 인식하는 것이 첫걸음이다. 다음 단계는 처리 가능한 단위로 일하는 법을 익힘으로써 지치거나 압도되지 않도록, 평정심을 잃고 실수를 저지르지 않도록 하는 것이다.

프로젝트나 과업이 너무 복잡해 도무지 해낼 수 없다는 절망감이 든다면 작업의 일부를 다른 사람에게 맡길 방법을 찾아보자.

불안감에 시달릴 때는 과식이나 고함지르기처럼 파괴적인 방법이 아닌 건설적인 방법으로 그 감정을 처리할 수 있다. 필요에 따라 다음 중 한 가지 혹은 두 가지 이상을 시도해보자. 산책하기, 명상하기, 친구에게 전화하거나 문자 보내기(직장에서 빈둥거린다는 느낌을 주지 않도록 주의하라.), 음악 듣기, 운동하기, 책이나 긍정적인 인터넷 기사 읽기 등 등. 당신만의 또 다른 방법은 무엇인가?

분노

분노는 우리가 생각하는 것보다 훨씬 더 자주 일 끝내기를 가로막는 다. 분노는 함께 일하는 사람에게, 프로젝트를 최종으로 받게 되는 쪽 에, 혹은 당신 자료를 기다리고 있는 팀에 향할 수 있다. 분노의 관계는 직접적일 수도 있고 복잡하게 얽힐 수도 있지만 어떻든 여기서 핵심은 분노다. 분노는 우리를 앞으로 나아가지 못하게 한다. 그리하여 분노의 원인이 무엇이었든 일을 끝내기 어렵게 된다.

그렇다면 어떻게 해야 할까? 일단 분노하고 있다는 사실을 인정해야 한다. 분노로 인해 일을 끝내지 못할 수 있다는 점도 인정할 필요가 있 다. 그러고 나서야 누구한테 왜 화가 났는지 생각할 수 있다.

누구한테 분노하는 것인지 드러났다면 대면해서든 전화로든 당신의 감정을 전달할 필요가 있다. 직접 말하기가 불편하거나 위험한 상황이 라면 제삼자를 끌어들일 수도 있다.

역할놀이를 통해 마음을 털어놓는 방법도 있다. 안전한 상황이 조성 되면 다 말해버리고 마음을 자유롭게 하라. 역할놀이를 할 상대가 없거 나 상대의 마음이 불편할 것으로 여겨지면 혼자 말하기도 가능하다. 남 의 눈치 볼 필요 없는 집 같은 공간에서 거울이나 빈 의자에 대고 말하는 것이다. 당신을 괴롭히는 모든 것, 일을 끝내지 못하게 하는 요소들을 남김없이 말해보자.

압박받는 상황

압박감을 받으면 일을 더 잘하는 것처럼 보이는 사람도 있다. 그러나 대부분의 경우 압박받으며 일하는 것은 역효과를 낸다. 자꾸 실수를 저지를 수도 있고 시간 압박에 시달린 나머지 일을 제쳐두고 긴 산책에 나서거나 영화를 보러 갈 수도, 도저히 그 상황을 감당할 수 없다며 손을 들어버릴 수도 있다.

'천천히 꾸준히 가는 거북이가 이긴다.'라는 말이 아직도 건재한 이유가 바로 여기 있다. 그 말이 옳은 상황이 많은 것이다. 이는 속도 조절과 사전 계획의 중요성에 대해 다시 생각하게 한다. 실행의 안정적 리듬을 만들고 유지함으로써 잠시 스퍼트를 올리는 것보다 훨씬 더 먼 길을 갈 수 있다.

잠깐 중단하는 것

당신은 걸핏하면 그만두는 사람인가? 어쩌면 잘못된 판단일 수도 있다. 한 번에 여러 프로젝트를 떠맡아 온갖 요구에 시달린 끝에 결국 손을 들어버린 최근의 경험 때문에 그런 생각을 하는지도 모른다. 곧바로 다시 시작하겠다고 작정하지만 며칠이 몇 주, 몇 달, 심지어 몇 년으로 한정 없이 길어진다. 직장 상사나 학교 교수님이 맡긴 일보다는 개인적으로 하는 작업일 때 이런 상황이 더 자주 일어난다. 이렇게 제쳐둔 프로젝트는 역설적이게도 당신의 경력을 한 단계 높여줄 결정적인 종류가 될 가능성이 크다. 그건 학교로 돌아가는 일일 수도, 풀브라이트 장학금에 지원하는 것일 수도, 지난 5년 동안 매달린 소설이나 논픽션 집필 마무리일 수도 있다.

어째서 중단했던 것일까? 무엇 때문일까? 앞에서 논의했던 원인 중 해당하는 것이 있는지 살펴보라. 성공에 대한 두려움이 문제였나? 실패에 대한 두려움, 완벽주의, 계획 미비, 미루기 때문이었나?

잠깐 휴식을 취하는 것은 좋다. 하지만 오래 끌지는 말라. 하던 일로 다시 돌아가 끝을 봐야 한다. 10장에서 다루게 될 내용이지만, 무언가를 중단해야 하는 확실한 이유가 있다면 괜찮다. 하지만 너무 쉽게 포기해버리는 성향 때문에 중단한 거라면 얘기가 다르다. 배터리를 충전할 잠깐의 여유가 필요한 상황인지도 모른다. 그럼 다시 힘을 내어 지속하라. 자신을 독려할 방법을 찾아보라.

다음 문장들을 반복해 말해본다면 다시금 과업으로 돌아갈 동기가 부여될 것이다.

- "난 이 프로젝트를 해낼 거야."
- "이 과업을 끝내야지."
- "난 일을 마무리 짓는 사람이야."
- "필요한 일은 무엇이든 해낼 수 있어."

눈에서 멀어져 마음에서도 멀어진 것

프로젝트를 파일 캐비닛 안에 처박거나 컴퓨터 하드 드라이브에 집어넣고는 무슨 일을 해야 하는지 보지 못하는 사람들이 있다. 그렇다고 눈앞에 일거리를 놓아두거나 잊지 않도록 게시판에 적어두는 것은 무질서하고 어수선해 보인다. 자, 비생산적인 환경을 만들지 않으면서도 해야 할 일이 분명히 보이도록 할 방법은 무엇일까?

각자 적절한 방식으로 이 문제를 해결해야 하지만 '눈에서 멀어지면 마음에서도 멀어진다'는 법칙은 최소한 기억할 필요가 있다. 티 하나 없이 깨끗하고 깔끔한 책상은 남들에게 감명을 줄지 몰라도 생산적인 사람이라는 표시가 되기는 어렵다.《사무실을 일하기 좋은 공간으로 만들어라 Making Your Office Work for You》라는 책을 쓸 때 인터뷰했던 기업 임원들은 사무실이 두 개라는 말을 많이 했다. 방문객을 맞이하는 깔끔하고 쾌적한, 남에게 보이기 위한 사무실이 하나 있고 '진짜' 업무가 이루어지는 사무실이 따로 있다는 것이다. 파일과 책이 쌓이고 컴퓨터와 파일 캐비닛이 몇 개씩 들어찬 그런 공간 말이다.

넓은 방에서 환자를 진료하는 심리치료사의 경우도 마찬가지였다. 소파와 책상, 의자만 놓인 단순한 공간 뒤쪽으로 대형 커튼이 쳐져 있었다. 작업에 필요한 파일이며 책 더미를 감추기 위한 커튼이었다. 환자의 집중을 방해하지 않기 위한 조치였다. 또한 자기 작업 환경을 감추고 싶다는 메시지이기도 했다.

뒤에 나올 7장에서는 해야 할 일, 끝내야 할 일을 모두 상기시키면서도 질서 정연한 할 일 목록 작성하는 법을 살펴볼 것이다. 그리고 이는 당장 하고 있는 작업을 감추고 보다 정돈된 사무실이나 집 공간을 유지하면서도 상황을 잘 통제해나갈 수 있는 방법이 될 것이다.

일이 끝나지 않았는데 다른 일을 시작하는 것

동시에 마감해야 하는 프로젝트들이 너무 많은 상황에 꽁꽁 묶이도록 하는 첩경이 바로 이것이다. 끝내기보다 시작하기가 더 쉽다고 생각하는 사람들은 사실 당신 외에도 많다. 남녀 205명을 대상으로 진행한 내 조사에서 끝내기보다 시작하기가 더 쉽다고 생각하는 사람은 39퍼센트에 달한 반면 끝내기가 더 쉽다는 경우는 19.5퍼센트뿐이었다. 나머지 40퍼센트는 일에 따라 다르다고 했다.

당신 역시 끝내기보다 시작하기가 더 쉽다고 생각하는 유형이라면 조심해야 한다. 'Yes'라 답하고는 온갖 프로젝트에 파묻혀 허우적대는, 계속 새로운 일을 시작하지만 끝나는 일은 하나도 없는 상황에 처하기 십상이기 때문이다.

'일에 따라 다르다'고 보는 유형이라면 당신이 맡게 되는 과업이 이제 어떤 것인지에 대해 최소한의 고려를 해보아야 한다. 끝내기보다 시작하기가 더 쉬운 프로젝트는 어떤 것인지, 반대의 경우는 또 무엇인지 이해하고 있다면 상황을 통제하기가 편해진다. 자신의 성향을 반드시 잘 분석해보라.

TV, 비디오 게임, 소셜미디어, 인터넷 등의 방해 요소

끊임없이 휴대전화를 들여다본다면 해야 할 일을 하지 못하게 된다는 점을 이미 언급했다. TV 시청, 비디오 게임, 당장의 작업과 무관한 인터넷 기사 읽기 등은 어떨까? 정도 이상으로 이루어진다면 시간 낭비 요소인 것이 당연하다. 특히 근무 시간에는 두말할 나위 없이 시간 낭비 요소다. 반면 근무 외 시간이나 주말에 적당한 수준으로 즐기는 경우 신체적, 정신적 긴장을 풀어주고 보상의 역할을 해주는 훌륭한 활동이다.

남녀 205명을 대상으로 진행한 내 조사에서 하루에 이메일을 확인하거나 답장하는 데 얼마나 많은 시간을 쓰는지 확인한 결과는 다음과 같다.

1~10분	15퍼센트
11~30분	20퍼센트
31~60분	22퍼센트
1~2시간	10퍼센트
2시간 이상	12퍼센트
3시간	6퍼센트
4시간	0.49퍼센트
5시간	1퍼센트
6시간	2퍼센트
이메일을 끊임없이 확인한다	8퍼센트

이메일을 끊임없이 확인해야 하는 고객 서비스 업무 등에 종사하는

사람들을 제외한다 해도 일부 응답자들은 심각한 문제를 지닌 것으로 봐야 한다. 끊임없이 확인한다는 8퍼센트, 이메일 확인에 3~6시간을 쓰는 9.49퍼센트가 그렇다. 1~10분에서 2시간까지 이메일을 확인하는 경우는 그나마 하루 8시간 근무 중에서 다른 업무에 사용할 시간을 확보할 수 있다.

앞에서 당신은 이메일 확인을 얼마나 자주 하고 소셜미디어 사용에 어느 정도의 시간을 보내는지 응답했다. 다시 응답을 살펴보라. 근무일 동안 이메일이나 소셜미디어에 너무 많은 시간을 보내고 있는 것은 아닌가? 거기에 방해를 받아 집중력이 떨어지고 시작한 일을 끝내지 못해 경력 쌓기나 삶의 질에 문제가 생기는 것은 아닌가?

핵심은 적절한 수준 유지뿐 아니라 자신이 보내고 있는 시간을 인식하는 데 있다. 어떤 과업이 언제까지 끝나야 하는지 정확히 알고 필요한 일에 우선순위를 두어야 한다. 우선순위 설정은 시간관리 및 생산성 향상 훈련에서 기본이 되는 것으로 일을 제때 끝낼 수 있도록 해준다. 6장에서 이 문제를 보다 심층적으로 다룰 것이다.

일단은 위에 언급된 모든 활동이 횟수나 시간에 따라 시간 낭비 요소가 될 수 있다는 점을 기억하라. 할리우드 영화 제작자들 말을 빌리자면 '제때 예산에 맞춰' 작업하는 것을 방해하는 일들이다.

지각 습관

지각 습관이 어떤 것인지, 또한 그것이 끝내지 못하는 데 어떤 영향을 미치는지는 시간 낭비 요소를 설명할 때 반드시 들어가야 할 내용이다.

지각 습관은 큰 결례다. 물론 비행기 연결편이 지연된다든지, 예상 못 한 비상 상황이 발생한다든지 하는 드문 경우는 다른 문제다. 하지만 지각이 만성화된 상황이라면 이는 용서받기 어렵고 잊히지도 않게 된다. 걸핏하면 지각하면서 '늦잠을 잤다', '알람 설정하는 것을 잊었다' 혹은 '집에서 너무 늦게 나왔다'는 식의 납득하기 어려운 이유를 댄다면 부정적인 인상을 줄 수밖에 없고 기다리느라 불편을 겪은 사람들은 당신을 지각대장이라 인식하게 될 것이다.

지각 문제는 이 책의 주제와 연결된다. 무언가를 끝내지 못하는 사람은 결국 시간을 못 맞추는 것이다. 계속 기억을 환기시키면서 구슬린다면 과업이 제대로 마무리될 수도 있다. 이렇듯 부드럽고 손쉬운 방법으로 해결되어 마땅한 일이 그렇지 못하게 되는 원인은 무엇일까?

늦어지는 것, 다시 말해 지각 문제는 다른 사람보다 자기 자신, 그리고 자기 시간이 더 중요하다는 생각을 보여준다. 지각의 피해를 입는 입장이라면 기다리는 동안 어떤 기분이 드는지 알 것이다. 상대가 늦어진다고 양해를 구하는 전화를 따로 해 오지 않은 경우 점심 모임과 같은 사회적 상황에서 대부분의 사람들이 예상하는 기다림 시간은 15분에서 30분 사이다.

프로젝트나 과업 마감에서는 상황이 어떨까? 당신이 마무리할 때까지 상대가 얼마나 기다려줘야 할까? 당신이라면 상대의 과업 마감을 얼마나 기다려줄 것 같은가? 그 과업에 있어서는 상대가 최고이고 시간 맞춰 끝내줄 다른 누구보다도 뛰어난 결과물을 내놓을 것이라는 점을 아는 상황이라면 어떨까? 이러한 질문은 당신이 반드시 묻고 대답해보아야 할 것들이다. 유능하고 뛰어난 사람이 맡은 일을 제때 틀림없이 끝내는 이상적인 상황이라면 또 어떤가? 이를 현실화하기 위한 노력은 충분히 가치를 지니지 않을까?

지각 문제는 겉보기만큼 명료하거나 쉽지 않다는 점도 지적해두고 싶다. 고등학교 졸업반 학생의 코칭을 맡았을 때의 일이다. 학생의 어머니는 딸이 아이비리그 대학에 입학 허가를 받긴 했지만 입학 후에 어떤 상황이 벌어질지 걱정하다가 내게 코칭 의뢰를 해 왔다. 학생은 성적이 좋고 학교생활도 잘했지만 걸핏하면 과제를 늦게 제출했고 시험공부도 마지막 순간에야 시작하곤 했다.

어머니는 딸에게 지각 문제가 있다고 보았다. 매주 한 번씩 코칭이 진행되었고 나는 학생과 함께 다양한 시간관리 개념 및 원리에 대해 논의했다. 그 과정에서 나는 과제 제출 지연이나 마지막 순간의 시험공부가 완벽주의 성향 때문임을 알게 되었다. 계속 늦추고 지연시키는 행동은 부모님, 선생님, 더 나아가 자기 자신을 실망시킬지 모른다는 두려움을 감추는 방편이었다. 이런 행동을 최소한으로 줄이거나 제거하기 위해 학생은 자존감을 강화해야 했고 자신의 완벽주의를 인식, 극복해야 했다.

지각 문제가 있는 사람이라면 근본 원인을 찾아보도록 하라. 그 원인을 이해하고 수정할 방법을 찾아야 문제가 해결될 수 있다. 출근 시간이든 프로젝트 제출 시한이든 제때 해야 한다고 그저 잔소리하는 것으로는 충분치 않다. 그 행동이 지속되는 경우 어떤 결과가 나타날지 알려줘야 한다.

자신이나 목표에 대한 과소평가

당신이 당신 자신이나 당신이 해야 할 일을 낮게 평가한다면 "누가 신경이나 쓰겠어?" 혹은 "내가 뭐 그렇게 중요한 사람이야?"라고 중얼거리면서 일을 제쳐두기 십상이다.

케이크 굽기나 새로운 소프트웨어 사용법을 익히는 것처럼 상대적으로 사소한 일에서부터 대학 전공을 결정하고 필요한 모든 과정을 마쳐 졸업하는 것처럼 보다 복잡한 일에 이르기까지 시작한 일을 끝마치려면 자신을 다잡아줄 적절한 자기애와 자존감이 필요하다.

끝내야 하는 일에서 가치를 보지 못한다면 아무도 상관 안 할 것이라는, 끝내봤자 별로 달라질 것도 없다는 생각이 들 것이다. 그러면 괜히 머리 썩힐 필요가 없어진다. 생일축하 카드가 생일 직전이나 당일에 도착하는지가 조카에게 정말 중요한 일일까? 상사가 보기에 당신 책상이 깔끔하게 정리되어 있는지 여부가 별다른 차이를 낳을 수 있을까?

자신이나 목표에 대한 과대평가

자기 자신이나 자신이 하는 일의 중요성을 너무 부풀려 생각하는 경우 이 장 앞부분에서 언급했던 모든 두려움이 끼어들면서 '정지' 상태가 되어버릴 수 있다. 지금 쓰는 논문은 정말로 사상 최고로 놀라운 연구가 되어야 하는가, 아니면 최종 목표인 박사 학위 취득을 위한 연습에 불과한가?

모든 규칙에는 예외가 있다. 에밀 뒤르켐Emile Durkheim 이 쓴 〈사회의 노동 분화The Division of Labor in Society 〉라는 학위 논문은 전 인류에게 참으로 행운이었다. 이 논문으로 사회학이라는 학문의 토대가 닦였으니 말이다. 물론 당신이 또 다른 뒤르켐 혹은 아인슈타인Albert Einstein 이 될 수도 있다. 그러나 스스로를 객관적, 현실적으로 평가해야 할 시점이라면 그런 생각이 장애물로 작용한다.

미루고 있는 일에 대한 평가를 조정한다면 마무리에 도움이 될 수 있을 것이다. 당신이 쓰고 있는 연극이 셰익스피어William Shakespeare 나 테네시 윌리엄스Tennessee Willams 의 작품만큼 훌륭하지는 못할 수 있다. 그러나 집필을 끝내고 무대에 올리고 나면 그건 당신만의 연극, 나름대로 훌륭하고 멋진 연극이 된다.

계획 중인 가족 여름 휴가는 인생 최고의 여행이나 꿈꾸던 이상적 여행이 되지 못할지 모르지만 그래도 항공권을 예약하고 적합한 숙소를 찾는 일은 마지막 순간까지 일을 미루다가 되는대로 아무 데나 가는 것, 혹은 다 매진되어 어디도 가지 못하는 것보다는 가족의 아름다운 추억을 만들어줄 가능성이 더 크다.

방해 요소를 고려하지 못한 작업 계획

일을 끝내지 못하는 또 다른 이유는 방해 요소가 발생할 때를 대비하지 못한 탓에 휘둘리기 때문이다. 갑자기 더 긴박하게 등장한 직업적, 개인적 과업 때문에 하던 일을 제쳐두기 시작하면 '눈에서 멀어지면 마음에서도 멀어지는' 상황에 빠진다. 방해 요소를 어서 해결하고 이전 작업으로 되돌아가지 못하는 것이다.

방해 요소를 더 잘 처리하는 방법은 이를 우선순위 관리를 방해하는 예기치 않은 사건이 아닌 필요하고 예측 가능한 일로 설정함으로써 기존의 흐름을 최대한 유지하는 것이다.

노력의 일관성 결여

정해진 일과를 따라가는 것이 일을 지속해 끝내기에 유리하다는 점은 대부분 인정할 것이다. 한 가지 일을 쭉 지속하기보다 이 일 조금, 저 일 조금 이렇게 한꺼번에 여러 가지를 하는 편이 성과가 더 크다고 주장하는 사람들도 있지만 이 또한 일의 리듬을 만들어준다는 면에서 일관되기는 마찬가지다.

이상적으로는 일단 시작한 일을 계속 진행해 끝내는 것이 좋다. 하지만 조금씩 할 수밖에 없는 상황이라면 하루, 매주, 혹은 매 주말에 일정 시간을 할애하라.

일관성의 의미는 사람마다 다르다. 한 사람에게는 일상인 것이 다른 사람에게는 그저 지루할 수 있다. 핵심은 그 과업과 프로젝트, 관심사에 얼마만큼의 시간과 노력을 할애할지 인식하는 데 있다.

원하는 결과가 나오지 않으면 계획을 변경해야 할지도 모른다. '천천히 꾸준히 가는 사람이 결국 경주에서 승리한다.'라는 유명한 격언을 다시 떠올려보자.

1 앞서 살펴본 믿음, 행동, 나쁜 습관을 다시 훑어보고 당신이 시작한 일을 끝내지 못하는 첫 번째 이유를 꼽아보자. 그리고 아래에 써보자.

_____

이 성향을 없애기 위해 어떤 시도를 해볼 계획인가?

_____

문제가 개선되었음을 보여주는 지표는 무엇인가?

_____

오늘부터 시작해 2주 후의 날짜를 적어보라.

_____

이날 결과를 확인하면 된다. 선택한 성향에 대해 어떤 진전이 있었는지 점검하라.

2 시작한 일을 모두 잘 진행해 제시간에 끝내는 사람을 떠올려보자. 당신에게 모범이 될 만한 행동 특성이 무엇인가? 늘 일정한 시간에 출근하는가? 업무 시간 중에 개인 전화통화를 얼마나 자주 하는가? 스마트폰으로 문자 메시지나 이메일 확인은 얼마나 자주 하는가?

3 아직 끝내지 못했지만 끝내고 싶은 과업이나 프로젝트를 하나 이상 적어보자.

_____

무엇 때문에 끝내지 못하고 있는가?

_____

끝내기 위해 무엇을 할 계획인가?

_____

4장에서 최종 마감뿐 아니라 중간 마감을 설정하는 것이 어떤 면에서 유용한지 다룰 것이다. 일단 지금은 당신의 과업이나 프로젝트의 현실적인 마감일을 적어보자.

_____

그 마감일을 지키기 위해 무엇을 해야 하는가?

_____

2장

동시에 다 할 수 있다는 착각

왜 한꺼번에 처리하려 하는가

사람들이 일을 끝내지 못하는 여덟 가지 핵심 원인 중에서도 가장 많이 꼽는 것은 할 일이 너무 많다는 점이다. 내가 조사한 남녀 203명 중에 이 원인을 꼽은 비율은 약 30퍼센트였다(30.54퍼센트). 이 이유가 국적 불문이라는 점도 인상적이다. 미국인 153명 중 '너무 많은 과업'을 가장 큰 원인으로 꼽은 비율이 28퍼센트(28.10퍼센트)였고 아시아의 인도인 47명 중에서도 38퍼센트(38.30퍼센트)가 그러했다.

시간관리 전문가인 나도 종종 할 일이 너무 많은 상황에 처한다. 몇 년 전, 상황이 극단적이었을 때 내 할 일 목록에 몇 개가 있었을지 한번 상상해보라. 무려 47개였다. 그 많은 일을 동시에 해야 했던 것이다!

지금 당장의 할 일 목록을 만들어보라고 하면 사람들 대부분은 직장, 학교, 개인적인 일 등등으로 10~20개 정도를 채울 것이다.

일을 끝내지 못하고 남겨두는 병은 바로 여기서 시작된다. 동시에 열에서 20가지 일을 처리하기란 불가능하기 때문이다. 무엇이 가장 중요하고 먼저 해야 하는 일인지 결정해야 한다.

이 문제에 대해서는 6장 부분에서 더 자세히 다루겠다. 일단 지금은 시작한 모든 과업을 끝내려면 지금 해야 할 일과 나중으로 미룰 수 있는 일에 대해 명확한 계획을 세워야 한다는 점만 기억하도록 하자.

한 번에 한 가지 일하기를 배우는 데 더해 동시에 몇 가지 일을 해야만 할 때는 주의집중을 선택적으로 하는 연습이 필요하다. 하나를 할 때는 거기에 완전히 집중하라는 뜻이다. 그다음 다른 일로 넘어가 다시 거기에 집중하도록 하라. 하지만 완벽하게 하나씩 해나가기는 사실상 불가능하다.

물론 다음 프로젝트로 넘어가기 전에 앞선 일을 다 끝내야 한다고 말하는 사람들도 있다. 이상적인 세상이라면 모두 그렇게 할 것이다. 나도 그렇게 살고 싶은 마음이 간절하다. 단독으로 마무리되어야 하는 일, 그리고 한자리에서 끝낼 수 있는 일은 그렇게 해내기도 한다. 예를 들어 강의 계획서 작성은 보통 한자리에서 끝낸다. 처음부터 새로 만드는 것인지, 기존 강의 계획서의 날짜와 일부 내용을 수정만 하는지에 따라 소요 시간은 2시간에서 6시간으로 달라진다.

그러나 광범위하고 복잡한 프로젝트에는 많은 시간이 소요될 수 있다. 그리고 바로 이 지점에서 우리 대부분이 일을 끝내지 못하는 병에 걸리고 만다. 업무상 필요한 며칠, 몇 주, 혹은 몇 달 동안의 장기 프로젝트든, 집에서 해야 하는 옷장 정리나 차고 청소든 마찬가지다. 복잡하고 시간도 많이 걸리는 이런 일들을 당신은 동시에 몇 개나 처리할 수 있는가?

일을 끝내지 못하게 만드는 '너무 많은 과업' 장애물은 'No'라고 말하지 못하는 것과도 연결된다. 8장에서 이 문제를 다룰 것이다. 상대를 공격하지 않으면서 거절하는 요령이 필요하다. 누구든 거절해야 할 상황이 생긴다. 하지만 제대로 'No'라고 할 수 있으면 업무에서든 개인적 삶에서든 여전히 상대의 신뢰를 받게 된다. 이 예술적 기법은 다행히 누구든 배울 수 있다.

선택하고 집중한다면 모두 끝마칠 수 있다

누군가 "해야 할 일이 너무 많다."라고 말할 때 이건 무슨 뜻인가? 바로 우선순위를 놓고 경쟁하는 것들이 너무 많아 지금 당장 무엇부터 하고 다음에 무엇을 해야 할지, 무엇을 포기해야 할지 결정하기 어렵다는 뜻이다.

목표 설정이나 우선순위 결정에 대한 내용은 이후 자세히 다룰 테니 여기서는 일단 당신도 해야 할 일을 분명히 다 할 수 있다는 점을 강조하고 싶다. 당신은 할 수 있다! 당신에게 도움이 될 몇 가지 확신의 말을 소개하겠다.

- "지금 당장 해야 하는 일을 나는 다 할 수 있다."
- "해야 하는 일은 무엇이든 처리할 것이다."
- "지금 하는 일을 끝낼 것이다."
- "나는 지금 당장 해야 할 일이 무엇인지 잘 판단할 것이다."
- "무엇이든 지금 하는 일에 관심을 집중할 것이다."

마지막으로 당신이 누군가에게 "해야 할 일이 너무 많아."라고 말하며 투덜거린 때는 언제인가? 또, 누군가에게 그런 말을 들은 때는 언제인가?

어쩌면 당신은 "너무 바빠 죽겠어!"라고 표현했을 수도 있다. 바쁜 것이 나쁜 것으로 여겨지게 되어버린 때는 언제인가? 누군가 내게 "너무 바빠!"라고 비명을 지를 때 나는 "'좋게' 바쁜 거야?"라고 묻고 싶어진다.

나는 바쁘다는 걸 항상 즐겨왔다고 생각한다. 빈둥거리는 시간은 지루했다. 물론 그렇다고 밖으로 나가 장미꽃 향기를 맡지 않는다는 의미는 아니다. 다만 최근에는 사람들이 바쁘다는 것을 점점 더 부정적으로 여긴다는 생각이 든다.

난 오랫동안 시간관리와 생산성을 교육하며 글을 써왔으므로 1980년대의 워커홀릭 논의를 기억한다. 이건 당시를 특징짓는 개념이었고 너무도 많은 사람이 언급한 단어였다. 관련 연구들이 핵심적으로 지적한 것은 워커홀릭이 시작하기도, 중단하기도 어려운 탓에 항상 일하게 된다는 점이었다. 그래서 속도를 조절하는 사람에 비해 생산성은 떨어질 수밖에 없다. 소진 현상 때문에 어느 순간 하던 일, 심지어는 직장을 때려치울 가능성도 크다.

오늘날 우리는 알고 있다. 바쁘고 시간이 빡빡하더라도 (이 책에서 소개하고 있는) 시간관리 원칙들만 지킨다면 일단 시작한 일을 마무리할 가능성이 훨씬 커진다.

해야 할 일의 순서를 정하거나 조정해야 할 수는 있지만 어떻든 끝내고 다음 일로 갈 수 있게 된다. 이 원칙들은 현실적이다. 나 자신이 매일 이 원칙들에 따라 직업적이거나 개인적인 많은 과업을 해결하며 살고 있으므로 충분히 그렇게 말할 수 있다.

그러니 이 장을 끝내기에 앞서 다음 문장을 기억하도록 하라. "나는 지금 무엇을 할지 제대로 선택할 것이다."

다음 장에서는 미루기를 다룬다. 일을 끝내지 못하게 하는 원인 중

두 번째로 많이 지적되는 요소다. 물론 '너무 많은 과업'이 30.54퍼센트인 것에 비해 미루기는 8.37퍼센트여서 차이가 많이 나는 두 번째이기는 하다.

1 동시에 해야 할 일이 너무 많다고 생각하는가? 그렇다면 지금 해야 하는 일 (혹은 하고 싶은 일)을 모두 목록으로 만들어보자. 목록은 얼마든지 길게 만들어도 좋다. 쑥스러워 무언가 생략할 필요도, 중요도에 따라 적을 필요도 없다. 6장의 우선순위 설정 논의 때 이 목록을 활용하게 될 것이다.

지금 해야 하는 일

1. _____

2. _____

3. _____

4. _____

5. _____

6. _____

7. _____

8. _____

9. _____

10. _____

11. _____

12. _____

13. _____

14. _____

15. _____

16. _____

17. _____

18. _____

19. _____

20. _____

21. _____

22. _____

23. _____

24. _____

25. _____

26. _____

27. _____

28. _____

29. _____

30. _____

31. _____

32. _____

33. _____

34. _____

35. _____

36. _____

37. _____

시작한 일을 반드시 끝내는 습관

38. _____

39. _____

40. _____

41. _____

42. _____

43. _____

44. _____

45. _____

46. _____

47. _____

48. _____

49. _____

50. _____

2 이제 위의 목록을 살펴보면서 당신이 해야 할 가장 중요한 일 세 가지에 동그라미를 치자.

해야 할 가장 중요한 일

1. _____

2. _____

3. _____

당신이 하고 싶은 세 가지 일의 목록도 만들어보자.

하고 싶은 일

1. _____

2. _____

3. _____

해야 하는 일과 하고 싶은 일이 일치하는지는 중요하지 않다. 물론 일치한다면 대단한 것이기는 하다. 이 책은 직장, 학교, 업무 등에서 해야만 하는 일을 끝내도록 하는 데 초점을 맞추기는 하지만 하고 싶은 일을 끝내지 못하는 것 또한 중요한 문제가 된다.

3 한 번에 하나씩만 처리하던 때를 생각해보자. 언제였나?
(그런 적이 없었다면 넘어가도 좋다.)

_____

일 하나에만 집중하던 느낌이 어땠나?

_____

결과는 어떠했나?

_____

3장

미루고 또 미루고

미루기는 표면적 신호일 뿐

미루기는 표면적 신호라는 내 생각을 앞서 소개했다. 일을 끝내지 못하는 이유로 두 번째로 많이 꼽힌 미루기에 대해 이제 좀 더 심층적으로 살펴보자.

미루기는 무엇을 가리키는 신호일까? 끝내고 싶은 마음이 간절한데도 미완으로 남은 프로젝트를 하나 떠올려보라. 내 조사에 응한 205명이 털어놓은 미완의 과업, 프로젝트, 인간관계를 일부 소개하면 다음과 같다.

- 소설 쓰기
- 운동하러 갈 시간 내기
- 산업 현장 방문 보고서 쓰기
- 평생 꿈꿔온 프로젝트
- 숙제
- 학위 끝내기
- 공부를 열심히 해서 경쟁률 높은 시험에 합격하기
- 집 청소하기
- 집 규모 줄이기
- 결혼
- 조직을 위한 비전 동영상 제작
- 가족사진 정리
- 저축

- 대학 졸업
- 5킬로그램 감량
- 취업
- 새집 꾸미기
- 집에 쌓인 쓰레기 버리기
- 손자와 더 많은 시간 보내기

당신은 어떤가? 당신이 끝내지 못한 과업, 프로젝트, 인간관계를 아래에 적어보자.

이제 무엇 때문에 당신이 그 과업, 프로젝트, 인간관계의 완성을 미루고 있는지 검토해보자.

당신이 일을 미루는 진짜 이유들

우선 내가 생각하는 '미루기'의 정의는 다음과 같다. 해야 하거나 하고 싶은 일을 연기하는 것. 과거에는 무언가 더 재미있고 긍정적인 활동을 위해 유쾌하지 않은 일을 연기하는 것이 미루기라고 생각한 때도 있었다. 하지만 이는 충분치 않은 정의였다. 때로는 미루고 있는 바로 그 일이 대체 활동보다 더 재미있기 때문이다.

그렇다면 자신이 하고 싶은 일을 미루게 되는 까닭은 대체 무엇일까? 그 대신 하는 일이 덜 재미있을 수도 있는데 말이다. 보고서 작업을 끝내면 승진에 도움이 된다는 것을 알면서도 스트레스 많은 무작위 전화 마케팅을 하는 이유는? 웹개발 교육을 받고 나면 자신만의 창의적인 웹사이트를 만들 수 있고 돈도 절약될 텐데 자꾸 미루기만 하는 이유는?

1장에서 우리는 시간을 낭비하게 해서 해야 하거나 하고 싶은 과업을 끝내지 못하게 만드는 이유 22가지를 살펴보았다. 그중 많은 것이 당신의 미루기 뒤에 숨은 이유가 될 수 있다. 실패에 대한 두려움이 있다면 프로젝트 마무리를 미룸으로써 부정적인 피드백 가능성을 차단하게 된다. 성공에 대한 두려움이 있어도 미루기가 원치 않는 상황을 방지해준다.

완벽주의 때문에 미루는 이들도 있다. 노력이 충분하지 않았을까 봐 두려운 마음에 계속 미루면서 자신의 불완전함과 대면하기를 회피하는 것이다. 나쁜 진행 속도와 나쁜 계획도 미루기를 낳을 수 있지만 어쩌면 당신의 몸과 마음이 휴식을 간절히 원하는지도 모른다. 여덟 시간 연속 컴퓨터 앞에 붙어 있어 눈이 침침하다면 산책을 하거나 낮잠을 자거나 그날 일을 거기서 끝내는 것은 미루기가 아닌 긍정적인 행동이다.

감정적 동요도 미루기를 야기할 수 있다. 삶의 스트레스나 분노가 많은 상황이라면 작업에 주의를 집중하기가 어려워진다. 잠시 휴식기를 갖고 문제를 해결한 후 프로젝트로 되돌아오는 편이 현명할 수 있다. 이 경우 미루기 행동은 진짜 이유를 뒤에 감추고 있다. 그저 미루기 위해 미루는 것도, 나쁜 작업 습관으로 미루는 것도 아닌 상황이다.

압박감 속에서 일하는 것은 역효과를 낳는다. 이때에도 미루기는 진짜 이유의 표면적 신호에 불과하다. 프로젝트에 대한 압박이 너무 크다면 미루기는 당신의 몸과 마음이 필요한 것을 얻는 방법일지도 모른다.

이와 관련해 소개하고 싶은 내 인생 경험이 있다. 대학교수로 오래 일했지만 여름 계절학기 수업을 한 것은 올해가 처음이었다. 3주 집중 과정이었다. 범죄학의 16주 범위를 겨우 3주 만에 끝내야 했던 것이다. (나는 3주 집중 과정이라 부르지만 학생들은 딱 11일짜리라고 말하기를 좋아 한다.)

다행스럽게도 수업은 잘 끝났다. 교과서 전체 내용을 다뤘을뿐더러 퀴즈 5회, 프레젠테이션 1회, 현장 과제, 초청 연사 강연, 현장 학습 2회 (근처 교정 시설 혹은 법원 수감 프로그램 견학)까지 이루어졌다.

여름 학기가 끝나기 직전, 무더운 어느 날이었다. 코네티컷의 집으로 돌아가지 못하고 여러 시간 기다려야 하는 상황이 되었다. 나는 연구실에 가서 일하는 대신 영화를 보러 갔다. 연방대법관 루스 베이더 긴즈버그Ruth Bader Ginsburg에 대한 다큐멘터리 영화였다.

영화관에서 보낸 몇 시간은 결국 내게 꼭 필요한 휴식이었다. 누구와 대화하고 어울릴 생각이 없었으므로 혼자 갔다. 오전 내내(계절 수업은 9시부터 12시 45분까지 거의 4시간이었다.) 강도 높은 수업을 한 후였으므로 그저 편안하게 영화를 보고 싶었다.

이런 행동을 두고 누군가는 미루기라고 부를 수도 있다. 하지만 나는 자신을 보살피는 긍정적인 방식이었다고 말하고 싶다.

미루는 습관을 해결하는 여섯 가지 방법

해야 할 일에서 잠시 거리를 두고 다른 활동으로 시간을 보낼 때 이를 미루기로 만들어버리는 유일한 문제는 적절한 시점에 기어를 변환해 작업 태세로 돌아오지 못하는 것이다.

휴식 시간이 애초에 예상했던 것보다 한정 없이 길어지면 과업에서 너무 멀어져 비명을 지르기 전에 상황을 조정해야 한다. 미루기가 시간 낭비 문제가 되어버린 상황을 해결할 몇 가지 방법을 살펴보자.

1. 보상 시스템 활용하기

내가 영화를 보러 간 것은 집중 과정 수업을 잘 해낸 것에 대한 보상이었다. 당신은 무엇으로 스스로에게 보상을 줄 것인가? 또한 휴식이 너무 잦아 문제를 일으키지 않도록 관리할 방법은 무엇인가? 진정 즐길 수 있는 것을 보상으로 삼아야 동기부여가 가능하다는 점을 기억하라.

아래에 당신이 무엇을 미루고 있는지 적어보자.

내가 미루는 것은 _____다.

그리고 스스로 보상할 것을 적어보자.

해야 하는 일을 하고 나면 나는 스스로에게 다음의 보상을 할 것이다.

---

2. 지연을 허용하기

미루기 성향과 맞서 싸우는 대신 지연하는 것을 허용해보라.

보상 체계와 함께 하루 또는 한 주 단위로 최대 몇 개까지 지연이 가능할지 계획하는 것이다. 내가 어렸을 때 보았던 치과 의사들이 그랬다. 치과 의사였던 우리 아버지는 늘 목요일에 쉬었다. 휴식을 취하거나 골프를 치는 다른 치과 의사들과 달리 아버지는 퇴역 장병 병원에서 자원봉사 진료를 했다. 일반 환자들을 치료하는 일상에서 벗어나는 시간을 가진 것이다. 그 하루는 아버지가 기분을 전환하고 일상으로 돌아갈 수 있도록 해주었다.

이제 당신의 지연을 계획해보자.

나는 _____요일 혹은 _____ 시에 휴식과 지연을 허용하겠다.

3. '창조적인 미루기'를 시도하기

'창조적인 미루기'는 《새천년을 위한 창조적 시간관리 Creative Time Management for the New Millennium 》라는 책에서 내가 만든 개념으로 매우 강력한 도구다. 효과적으로 활용한다면 생산성이 대폭 높아져 훨씬 더 많은 일을 해내게 된다. 반면 잘못 사용하는 경우 미완성으로 남는 일들이 아주 많아지는, 이 책의 목표와는 정면으로 배치되는 상황에 처할 것이다.

미완의 과업을 남겨두는 대신 시작한 일을 끝내기 위한 창조적인 미루기의 핵심은 바로 이것이다. '무언가를 끝내기 위해 창조적인 미루기를 활용하라.' 보고서를 써야 한다고 하자. 서두 부분에서 막힌다. 그때 보고서를 밀어버리는 대신 다른 과업으로 가라. 참고문헌이나 독창적 해석 부분을 작업할 수도, 전날 써둔 부분을 검토할 수도 있다. 이런 식으로 하여 보고서가 완료될 때까지 창조적인 미루기를 거듭하며 작업을 이어나가는 것이다.

이는 큰 작업을 한 번에 처리 가능한 작은 작업들로 쪼개는 시간관리 원칙과 약간 비슷하다. 하지만 작은 단위로 쪼개는 것보다는 해야 하는 과업 안에서 작업들 사이를 옮겨 다닌다는 점이 핵심이다. 사무실 청소든 보고서 마무리든 필요한 과업의 또 다른 작업을 공략하면서 결국 과업이 끝날 때까지 작업을 이어가는 것이다.

4. 미루고 있는 바로 그 일을 가장 먼저 붙잡기

이메일 확인이나 인터넷 기사 읽기 등 필요하기는 해도 마무리해야 하는 과업과 관련되지 않는 활동으로 정신을 분산하지 말고 해야 하는 바로 그 과업으로 하루를 시작하라. 우리 대부분은, 특히 아침형 인간에 속하는 사람들은 아침에 머리가 맑다. 아침형 인간이 아니라 해도 마무리해야 하는 바로 그 일을 그날의 첫 업무로 삼는다면 온갖 잡무가 당신을 100만 갈래로 흐트러뜨리기 전에 최소한의 집중 시간을 확보할 수 있다.

5. 그 날의 업무를 끝내기 좋은 지점 찾기

마무리해야 하는 일이 무엇이든 좋은 지점에서 하루 업무를 끝내두면 다시 돌아와 일을 붙잡기가 훨씬 쉽다. 다른 과업이나 프로젝트로 가버려 일이 미뤄지는 것을 막아주기도 한다.

끝내기 좋은 지점은 어디일까? 사람마다 다르다. 나는 책을 쓸 때 한

장을 끝내고 일단 중단하는 것을 선호한다. 내게는 거기가 좋은 지점이다. 다음 날 다음 장을 시작하는 것이 작업에 편리하기 때문이다. 장 순서대로 쓰든, 그렇지 않든 마찬가지다.

나와 달리 한 장을 쓰다가 중간에 멈추는 것이 좋다는 사람도 있다. 그래야 더 쉽게 일이 이어진다는 것이다.

옳고 그른 답은 없으므로 자신에게 맞는 방식을 선택하면 된다.

6. 짝 찾기

무언가 미루고 있다면 누군가와 짝을 이룸으로써 도움을 받을 수 있다. 미루는 일에 대해 당신이 하는 말을 그저 들어주는 사람일 수도 있고 함께 작업하면서 직접 도움을 줄 사람일 수도 있다. 함께하는 사람이 있다는 것만으로도 꽉 막힌 상황에서 빠져나올 힘을 얻게 된다.

1 지금 미루고 있는 일이 무엇인가? 하고 싶지만 미루고 있는 일을 하나 이상 써
보자.

_____

이 장에서 소개한 여섯 가지 미루기 해결 방법을 살펴보고 당신이 미루고 있는
일에 적용할 수 있을지 생각해보자. 어떤 방법으로 적용이 가능할 것 같은가?
아래 칸을 채우면서 계획을 세워보자.

미루기 극복 전략 1

_____

미루기 극복 전략 2

_____

미루기 극복 전략 3

_____

2 미루기와 연결될 수 있는 다음 단어 중에서 당신에게 해당하는 것에 동그라미를
쳐보자.

게으름   훌륭한 시간관리자

지루함   자기애

비체계성   자기 돌보기

압도됨   나쁜 계획

바쁨   나쁜 진행 속도

만성적 지각   훌륭한 계획

완벽주의   적절한 작업 속도

실패에 대한 두려움　　　　　　지연 허용

성공에 대한 두려움　　　　　　일중독

시간 관리 실패　　　　　　　　스트레스

창조적 미루기　　　　　　　　스트레스 극복

다른 이유가 숨어 있는 미루기　편안함

긍정적인 자기대화　　　　　　보상 시스템

자, 부정적인 개념 몇 개에 동그라미가 쳐졌는지 살펴보자. 긍정적인 동그라미
는 몇 개인가?

나 자신과 나의 미루기와 관련해 선택한 부정적인 개념들

_____

나 자신과 나의 미루기와 관련해 선택한 긍정적인 개념들

_____

부정적인 개념을 긍정적인 것으로 바꾸기 위해 어떤 노력을 할 수 있을까?

_____

_____

4장

왜 마감은 공포일까

마감에 대한 부정적인 태도에 대하여

1장에서 비현실적인 마감 설정의 결과를 간단히 살펴보았다. 데드라인이라는 단어를 한번 뜯어보자. dead와 line이라는 두 단어로 이루어져 있다.

라인, 즉 선은 충분히 이해할 만하다. 넘어서는 안 되는 것이 선이다. 일을 완성해 제출해야 하는 날짜가 바로 그 선이다.

첫 단어 데드는 어떤가? 이건 어디에서 온 것일까?

죽음에 대해 생각하는 것을 좋아하는 사람은 아무도 없다. 죽음은 과업이나 프로젝트와 연결하기에 무척 부정적인 이미지이다.

데드라인이라는 말은 어디서 유래했을까? 신문 기사에서 오지 않았을까 싶다. 무슨 사건이 일어나면 신문이 인쇄기에 걸리기 전까지 사건 내용이 정리되어야 한다. 90년 된 옥스퍼드 영어사전OED의 온라인판에 나온 데드라인의 정의는 '움직이거나 달리지 않는 선'이다.

옥스퍼드 영어사전은 단어의 세 가지 기원도 소개한다. 첫 번째는 1876년 1월 12일, 미국연방의회 의사록에 기록된 대로 1864년으로 거슬러 올라가는 '전쟁 포로들이 넘어가서는 안 되는 선'이라는 군사용어다. 두 번째는 1868년의 또 다른 군사용어로 '안쪽 방어벽으로부터 17피트. 아무도 살아서 통과할 수 없는 선'이라고 한다. 이러한 군사용어에 더해 '인쇄기 바닥면에 표시된 선'이라는 인쇄 맥락의 뜻도 나온다.

OED가 소개하는 마지막 세 번째 의미는 '인쇄물 특정 호에 포함되기 위해 자료가 준비되어야 할 시간'이다. 시작한 일들을 모두(최소한 끝내고 싶은 일들만 골라서라도) 끝내고 싶다면 일단 데드라인을 끔찍한 대상이 아니라 긍정적인 존재로 받아들일 필요가 있다.

우선 다음 문항에 답하면서 마감 시한(데드라인)에 대한 태도를 바꿔야 하는지를 판단해보자.

마감 시한에 대해 어떻게 생각하는가?

다음 질문에 예, 아니요, 가끔, 자주로 답하라. 내면의 감정을 알기 위한 질문이므로 가능한 한 솔직하게 답하라.

1. 마감 시한이라는 말을 들으면 화가 난다.

예 _____ 아니요 _____ 가끔 그렇다 _____ 자주 그렇다 _____

2. 마감 시한에 대해 중립적인 입장이다.

예 _____ 아니요 _____ 가끔 그렇다 _____ 자주 그렇다 _____

3. 작업 중인 프로젝트에 마감 시한이 없다면 직접 시한을 설정할 것이다.

예 _____ 아니요 _____ 가끔 그렇다 _____ 자주 그렇다 _____

4. 과업을 전달받는 것과 마감 시한이 정해지는 것은 같은 일이다.

예 _____ 아니요 _____ 가끔 그렇다 _____ 자주 그렇다 _____

5. 내가 상사라면 마감 시한을 없애버릴 것이다.

예 _____ 아니요 _____ 가끔 그렇다 _____ 자주 그렇다 _____

6. 내가 더 생산적이었던 때를 돌이켜보면 마감 시한이 촉박했던 경우였다.

예 _____ 아니요 _____ 가끔 그렇다 _____ 자주 그렇다 _____

7. 복잡한 작업을 하게 될 때면 최종 마감 시한이 하나뿐이라 해도 진행 과정을 관리하기 위해 중간 마감 시한을 정해둔다.

예 _____ 아니요 _____ 가끔 그렇다 _____ 자주 그렇다 _____

8. 나는 하루, 한 주, 한 해 단위의 일정표를 기록해 중요한 마감 시한을 챙긴다.

예 _____ 아니요 _____ 가끔 그렇다 _____ 자주 그렇다 _____

9. 마감 시한은 우선순위 높은 일에 시간과 노력을 더 기울이도록 돕는 유용한 기준이라고 생각한다.

예 _____ 아니요 _____ 가끔 그렇다 _____ 자주 그렇다 _____

10. 지난해 마감 시한을 조정해야 하는 일이 최소 한 번 이상 있었다.

예 _____ 아니요 _____ 가끔 그렇다 _____ 자주 그렇다 _____

11. 마감 시한은 계획을 수립하고 실행하게끔 도와주는 고마운 존재다.

예 _____ 아니요 _____ 가끔 그렇다 _____ 자주 그렇다 _____

마감 시한을 설정해야 하는 이유

이제 답변을 검토해보자. 1번 질문 '마감 시한이라는 말을 들으면 화가 난다.'에 '예'라고 답했다면 압박감 때문에 제시간에 일을 마무리하지 못할 수 있다. 마감 시한에 대한 자신의 솔직한 감정을 인식하는 것은 중립적으로 되거나(2번 질문) 마감 시한의 필요성을 인정하도록(11번) 태도를 조정하기 위한 바탕이 되어준다. 이 두 질문에 대한 답이 '예', '가끔 그렇다', '자주 그렇다' 중 하나이기를 바란다.

이제 나머지 질문들에 대한 답변을 살펴보자. 마감 시한에 대해 부정적인 태도를 반영하는 답변은 무엇인가? 일관성이 좀 떨어진다 해도 긍정적인 태도를 보여주는 답변은 또 무엇인가?

마감 시한을 바라보는 시각을 재구성하는 태도만으로도 당신이 원하거나 해야만 하는 작업을 더 많이 마무리할 수 있다.

눈덩이 표집으로 모은 내 설문 응답자들은 자신이 일을 끝내지 못하는 이유로 '마감 시한이 정해져 있지 않은 상황'을 들었다.

그러나 누군가 "끝내는 대로 가져와요."라고 말할 뿐 마감 시한을 정해주지 않았다면 당신이 직접 설정하면 된다. 중요한 과업이나 프로젝트에 마감 시한이 없다면 스스로 정하면 될 일이다.

마감 시한이 주어졌다면 주, 월, 연 단위의 큰 시한과 더 짧은 중간 마감 시한 중 당신이 자신을 다잡고 필요한 일을 진행하기에 더 좋은 쪽이 무엇인지 생각해보자.

마감 시한이 도움이 되기 위한 첫 번째 방법은 일단 마감 시한이 존재하는 것이다. 하지만 마감 시한 하나만으로는 충분하지 않다. 특히 장기간의 복잡한 프로젝트라면 더욱 그렇다. 복수의 마감 시한이 필요하다.

마감 시한과 관련해 두 번째로 많이 저지르는 큰 실수는 비현실적 시한 설정이다. 소프트웨어 프로젝트 분야에서 소요 기간을 터무니없이 과소평가하여 이른바 죽음의 행진이 이어진다는 설명을 앞서 했다. 그런데 이 문제는 소프트웨어 개발 프로젝트에서만 발생하는 것이 아니다. 행사 기획부터 기사 작성까지, 손님 여덟 명을 초대한 만찬 준비부터 기말 보고서 완성까지 어디서든 일어난다.

마감 시한은 짧고 간단한 업무에 대개 유용한 정도다. (온라인이나 전화로 은행 업무를 모두 처리하지 않는 경우라면) '2시까지 은행에 갈 것' 혹은 '5시까지 응답 전화를 해줄 것'과 같은 일이 그렇다. 반면 훨씬 복잡한 프로젝트의 경우 마감 시한은 핵심적이다. 이미 언급했듯 최종 시한 하나가 아니라 중간 마감 시한 여러 개를 두는 것이 좋다.

가장 중요한 것은 현실적인 시한 설정이다. 솔직하게 실제 소요 기간을 말했다가 자칫 일감을 따지 못하게 될까 봐 비현실적인 마감 시한을 받아들이고 싶어지는 유혹적인 상황이 참으로 자주 발생한다. 하지만 이러면 스스로를 매우 어려운 상황에 빠뜨리게 된다. 일을 해내겠다는 동기부여 대신에 시간에 쫓기면서 최고의 성과를 내야 하는 부담을 안는 것이다. 서두르다 보면 충분히 인정받을 만한 성과를 내겠다는 목적을 달성하기 어렵다. 그러니 제때 제대로 일을 끝내고 싶다면 필요한 시간을 현실적으로 계산해야 한다.

그런데 복병도 존재한다. 시간을 너무 넉넉히 요청해 상대의 동의를 얻고 나면 마음의 여유가 생겨 작업 착수를 미루거나 다른 일부터 해결하고 싶은 생각이 들 수 있다.

그러므로 마감 시한은 너무 넉넉해도 안 되고 너무 촉박해도 안 된다. 딱 맞게 설정되어야 한다. 스스로 마감 시한을 설정할 수 있다면 과업과 상황에 더 큰 통제권을 가질 수 있어 좋다.

큰 과업을 작은 과업들로 쪼개라

과업을 완성 단계까지 잘 끌고 가도록 하려면 현실적인 마감 시한 설정과 함께 큰 과업을 처리 가능한 작은 과업들로 쪼개는 시간관리 요령도 필요하다. 이는 먼 미래의 마감 시한 하나보다는 중간 마감 시한 여러 개가 도움이 된다는 점과도 관련된다.

당신이 끝내고 싶은 프로젝트 중에서 처리 가능한 작은 과업들로 쪼개는 것이 유리한 과업은 무엇인가?

큰 과업을 처리 가능한 작은 과업들로 쪼갰다면 작은 과업들 하나하나에 전체 일정을 고려한 마감 시한을 정해두어야 한다.

책, 특히 논픽션 책을 쓴다면 책 한 권 쓰기를 각 장 쓰기로 쪼개는 것이 논리적인 접근이다. 한 번에 한 장씩 작업한다는 원칙은 소설에도 적용 가능하다. 물론 소설의 경우 각 장 사이를 오가는 복잡하고 독특한 작업이 필요할 수 있고 때로는 시작 부분보다 결말 부분을 먼저 쓰기도 하지만 말이다.

복잡한 과업을 처리 가능한 작은 과업들로 쪼개 중간 마감 시한들을 설정한다는 개념은 모든 종류의 업무에 적용할 수 있다. 손님 초대, 쇼핑, 만찬 요리, 결혼과 신혼여행 준비, 가족 휴가, 고려해야 할 변수가 많은 온갖 상황에 이르기까지 말이다.

요약하자면 마감 시한은 시작한 모든 일을 끝내겠다는 당신의 미션에 매우 유용한 도구다.

다음 2부에서는 시작한 일을 끝내지 못하는 당신을 치료할 방법들을 살펴보겠다.

1 미완성 상태지만 반드시 끝내야 하는 중요한 프로젝트 세 개를 선정해보자. 마감 시한이 설정되어 있는가? 설정되어 있다면 적고 아니라면 지금 새로 설정하자. 그 마감 시한이 얼마나 현실적인지 검토하자. 마감 시한이 하나뿐이라면 최소 하나 이상의 중간 마감 시한도 설정하자. 이는 프로젝트가 얼마나 복잡한지에 따라 달라진다.

미완성 상태의 프로젝트 1

_____

최종 마감 시한

_____

중간 마감 시한 1

_____

중간 마감 시한 2

_____

중간 마감 시한을 쓰면서 그때까지 끝내야 할 작업들도 기록해보자. 큰 과업 하나를 처리 가능한 작은 과업 여러 개로 쪼개는 과정이다.

미완성 상태의 프로젝트 2

_____

최종 마감 시한

_____

중간 마감 시한 1

_____

중간 마감 시한 2

_____

미완성 상태의 프로젝트 3

_____

최종 마감 시한

_____

중간 마감 시한 1

_____

중간 마감 시한 2

_____

2 마감 시한에 대한 당신의 태도를 생각해보자. 유용하다고 보는가, 딱 질색인가,
   혹은 아무 생각이 없는가? 마감 시한과 별 상관없는 업무와 삶의 방식을 유지
   하고 있다면 좋은 일이다. 대신 무엇을 통해 일상의 흐름을 유지하고 있는가?
   일정표를 통해 업무를 관리하면서 이를 마감 시한이라 부르지 않는 것은 아닌
   가? 아래 여백을 사용해 당신이 해야 하는 일을 어떻게 관리해 원하는 때에 끝
   낼지 써보자.

_____

_____

How to
Finish
Everything
You Start

/

2부

솔루션

우선순위 결정이란 무슨 의미인가? 어떤 활동을 하든 그것을 통해 지금

현재의 시간을 최고로 사용한다는 뜻이다. 활동은 프로젝트일 수도, 인간

관계일 수도, 중요한 과업일 수도 있다. 그것은 이 순간 당신이 하고 싶은

일과 항상 일치하지는 않는다. 다만 해야 하는 일이라는 점은 분명하다.

5장

FINISH, 끝장 보는 기술

시작한 모든 일을 끝내는 방법, FINISH

지금부터는 끝낸다는 뜻의 영어 단어 'FINISH'를 머리글자로 사용해 중단하지 않고 일을 끝낼 방법을 찾아보자. 나 자신에게도 큰 도움이 되었던 방법이다.

F = 우선순위 높은 일에 집중하기 Focus

I = 방해 요소를 무시하기 Ignore

N = 나중이나 내일이 아닌 지금 Now 하기

I = 계속 진행할 수 있도록 혁신하기 Innovate

S = 아무리 힘들어도 과정을 이어가기 Stay

H = 성취를 축하하며 크게 기념하기 Hail

조금 더 상세하게 하나씩 살펴보자.

F = 우선순위 높은 일에 집중하기 Focus

한 번에 너무 많은 일을 하려고 하면 방해를 받아 결국 끝내기 어렵게 된다. 이는 끝내기를 가로막는 가장 큰 장애물이다. 우선순위가 높은 하나를 붙잡아 집중하라!

I = 방해 요소를 무시하기 Ignore

방해 요소는 늘 존재한다. 직장이나 개인 생활에서 발생하는 위기를 처리해야 하는 것도 사실이다. 하지만 방해 요소가 처리되고 나면 즉시

하던 일로 돌아가야 한다. 또한 스스로 만들어내는 방해 요소들은 통제해야 한다. 정말로 지금 일을 중단하고 이메일 확인을 하고 싶은가?

N = 나중이나 내일이 아닌 지금Now 하기

나중, 내일, 몇 주나 몇 달 후로 연기하고 미루는 것은 일의 마무리를 가로막는다. 나중이나 내일이 아닌 바로 지금이 우선순위가 높은 일에 집중할 시간이라는 점을 확실히 하라.

I = 계속 진행할 수 있도록 혁신하기Innovate

시작은 도전일 수 있다. 특히 계속하여 미루고 또 미루던 일이라면 더욱 그렇다. 하지만 일단 시작하면 계속 진행할 수 있다. 정신이 분산되고 자꾸 다른 쪽에 신경이 쓰인다면 일이 진행되도록 할 방법을 고안하라. 타이머나 휴대전화 알람을 사용해 한두 시간 집중 상태를 유지하라. 그 시간 동안 일을 계속했다면 알람 소리가 울릴 때 목적지에 한 걸음 더 다가간 자신을 자랑스럽게 생각하고 뿌듯해해도 좋다.

S = 아무리 힘들어도 과정을 이어가기Stay

전구 발명에 성공하기까지 토머스 에디슨은 1000번의 실패를 거듭했다고 한다. 지금 당신이 하는 일이 역사를 바꾸고 인류의 삶을 변화시킨 전구 발명과는 다른 종류라 해도 경력이나 개인적 삶에 차이를 만들어낼 수 있다. 그러니 에디슨을 모범으로 삼고 따라가보라.

H = 성취를 축하하며 크게 기념하기 Hail

일이 끝나면 스스로 등을 두드려줘라. 상사나 동료가 박수를 보낸다면 당신도 스스로를 위해 박수를 쳐라. 자신에게 물질적 선물을 해도 좋고 친구, 연인 또는 가족과 함께 축하 모임을 만들어도 좋다. 무언가를 완료했고 그것이 도전적인 과정이었다면 충분히 기뻐할 자격이 있다. 끝내는 행동을 더 긍정적으로 만들수록 발목을 잡는 두려움, 시간 낭비 요소, 나쁜 습관을 이겨내고 일을 끝내기가 쉬워질 것이다. 결국에는 끝내기가 도전이 되지 않을 정도로까지 말이다.

목표 설정과 우선순위 결정을 다루는 다음 장으로 넘어가기 전에 시작한 일을 끝내도록 도와주는 두 가지 핵심 요소를 살펴보자.

첫 번째는 숨은 시간을 찾는 것이고 두 번째는 당신이 시간을 보내는 방법을 파악하는 것이다. 전에 해본 적이 없거나 지금 하고 있지 않다면 시간 기록을 작성함으로써 당신의 시간이 어떻게 흘러가는지 알 수 있다.

숨은 시간을 찾아내 활용하라

물론 우리는 모두 바쁘다. 하지만 매일의 근무 시간, 저녁 시간, 주말에는 이른바 '숨은 시간'이 존재한다. 숨은 시간이란 무엇일까? 제대로 인식하지 못해 낭비해버렸던 시간이다. 예를 들어 출퇴근을 한다면 지하철, 버스, 자동차에서 보내는 몇 십 분 혹은 몇 시간을 어떻게 최고로 활용해 일을 끝내는 데 도움을 받을 것인지 고민할 필요가 있다.

스마트폰을 사용한다 해도 가방이나 주머니에 작은 수첩을 넣어두자. 진행 중인 작업과 관련된 생각이 떠오를 때 메모할 수첩이다. 신중하게 작성해야 할 이메일의 핵심 내용을 적어둘 수도 있다.

치과 의사나 의사 같은 전문직이라면 환자를 기다리는 대기 시간도 숨은 시간이 된다. 굳이 잡지를 뒤적거려야 할 이유가 없다면 진행 중인 일과 관련된 책이나 자료를 가져가 읽어라. 그러면 그 몇 분의 대기 시간이 갑자기 최고의 활용도를 갖게 된다.

시간별, 일별 또는 주별로 자신이 시간을 어떻게 쓰고 있는지 모르는 경우도 많다. 이 책에 앞서 이미 시간관리 관련 서적을 읽어본 적이 있다면 시간 기록을 어떻게 해야 하는지, 또한 시간 기록이 얼마나 유용한 도구인지 알 것이다. 세세한 일정 계획이 가능한 다이어리가 있다면 그대로 시간 기록 용도로 사용해 숨은 시간을 찾아낼 수 있다. 아니면 별도의 다이어리나 이 책에서 복사한 시간 기록표를 활용하는 방법도 있다. 일정과 분리된 시간 기록을 위해서 말이다.

시간을 어떻게 다루고 있는지 기록하기

다음은 당신이 시간을 어떻게 다루고 있는지 기록할 수 있는 시간 기록표 샘플이다. (충분히 상세한 다이어리가 있다면 그걸 활용해도 좋다. 당신에게 잘 맞는 시간 기록표를 만들기 위한 샘플도 13장에 실어두었다.)

빈칸에 직접 써도 좋고 복사해서 며칠의 시간 사용을 기록해 봐도 좋다. 오전 7시에 일어났다면 시간 기록표도 오전 7시에 시작된다.

일간 시간 기록표

날짜 _____ 요일 _____

유형 _____ (근무일/통학일/휴일 등)

시간 (아침 기상) **활동**

_____ _____

_____ _____

_____ _____

_____ _____

_____ _____

_____ _____

_____ _____

_____ _____

잠자리에 드는 시간을 적고 하루를 정리하라.

_____ _____

메모 특별히 집중이 잘 되었다거나 유난히 피곤했던 시간, 효율이 높고 집중이 잘되었던 때, 까다로운 세부 요소를 잘 처리할 수 있었던 순간들이 있었는지 돌이켜보라. 사람들과 함께 (대면으로든 전화통화로든) 어울려 일하기에 더 좋거나 나쁜 때는 언제인가?

일간 시간 기록표

날짜 _____ 요일 _____

유형 _____ (근무일/통학일/휴일 등)

시간 (아침 기상) **활동**

_____ _____

_____ _____

_____ _____

_____ _____

_____ _____

_____ _____

_____ _____

_____ _____

잠자리에 드는 시간을 적고 하루를 정리하라.

_____

메모 특별히 집중이 잘 되었다거나 유난히 피곤했던 시간, 효율이 높고 집중이 잘되었던 때, 까다로운 세부 요소를 잘 처리할 수 있었던 순간들이 있었는지 돌이켜보라. 사람들과 함께 (대면으로든 전화통화로든) 어울려 일하기에 더 좋거나 나쁜 때는 언제인가?

_____

_____

당신이 작성한 시간 기록표는 다음 장에서 검토하도록 하자.

자, 이제는 출퇴근 시간, 저녁 휴식 시간, 직장의 점심시간, 주말 등등에서 당신이 찾아낸 숨은 시간에 무엇을 할 수 있을지 살펴보자.

1. 숨은 시간을 활용하기 위한 계획을 수립하라.
2. 일할 때, 휴식할 때, TV를 보거나 음악을 들을 때도 메모할 수 있도록 휴대용 컴퓨터, 태블릿 PC나 스마트폰을 챙겨라.
3. 숨은 시간 동안 운동하라.
4. 명상하라.
5. 백일몽을 꿔라.
6. 전화, 영상통화, 혹은 대면 상태로 동료들과 브레인스토밍하라.
7. 사람들과 어울려라.
8. 낮잠을 자라. (단, 업무를 등한시하고 게으름을 피운다는 오해를 받지 않는 상황이어야 가능하다. 진보적인 기업은 잠깐 낮잠에 빠질 수 있는 시설이나 공간을 갖추는 분위기다.)
9. 단기 및 장기 목표를 재고하라.
10. 메모나 카드를 작성해 보내라.
11. 책을 읽거나 오디오북을 들어라.
12. 사소한 볼일을 처리하라. 그러면 퇴근 후나 휴일에 더 많은 시간을 확보할 수 있다.
13. 끝내지 못한 일들에 대해 생각하라. 그 일을 끝내는 것이 직업적, 개인적으로 유익한 이유를 최소한 세 가지 써보라.

1 미완의 과업이나 프로젝트에 FINISH 방법을 적용해보자.
   F는 집중하고 있는_{Focus} 일이다. 아래에 적어보자.

_____

   방해 요소를 어떻게 무시하고_{Ignore} 일을 계속할 계획인가?

_____

   나중으로 미루지 않고 지금 당장_{Now} 미완의 과업이나 프로젝트에 집중할 작정인가?
   예 □   아니요 □

   '아니요'라는 답이 나왔다면 제일 처음으로 돌아가 다시 시작하자.
   아니면 1장으로 가서 당신의 발목을 잡는 믿음, 행동 및 나쁜 습관 22가지를
   검토해도 좋고 3장의 미루기 부분을 다시 읽어도 좋다.
   프로젝트가 끝났다면, 혹은 아주 복잡한 과업이어서 4장에서 소개했던 대로 처
   리 가능한 작은 업무들로 쪼갰고 그 작은 업무 하나가 끝났다면, 바로 축하 이
   벤트를 만들어라. 마무리가 주는 기쁨을 크게 만드는 것이다!

2 'FINISH' 여섯 글자 중에서 당신에게 가장 도전적인 것을 선택하자. 그것 때
   문에 일이 미뤄지거나 중단되어 끝을 보지 못하는 것일지 모른다. 다음 빈칸에
   그 글자를 쓰고 의미도 직접 적어보자.

_____

   그 성향을 극복하기 위해 어떻게 할 생각인가?

_____

   문제 되는 글자가 어느 정도 해결되었다고 느껴지면 다음으로 가장 도전적인
   것을 골라보자. 이런 식으로 여섯 글자 모두를 하나씩 공략하며 당신의 끝내기
   능력을 강화하는 것이다.

6장

시간관리 전문가의
우선순위 정하는 방법

목표가 있어야 가장 먼저 할 일이 결정된다

'또다시 목표와 우선순위 얘기야! 정말 지겨워! 내가 모르는 뭔가를 설명하면 안 될까?'라는 생각이 들지도 모르겠다.

시간관리 도서를 한 권이라도 읽었거나 관련 워크숍에 참석했거나 온라인 교육을 받아본 적이 있다면 아마 목표 설정과 우선순위 정하기에 대해 이미 들었을 것이다. 하지만 아무리 익숙하게 여겨진다 해도 우리가 지금 당장 일하고 살아가는 세상을 고려한다면 이들 핵심 개념을 다시 살펴보고 검토하는 것은 충분히 가치 있는 일이라는 생각이 들 것이다. 지금은 정말이지 지구상 어디를 가든지 정신을 차리기 어려운 시대가 아닌가? 휴대전화를 비롯해 방해 요소가 없는 곳을 찾기란 가면 갈수록 더 어려워지고 있다.

자기계발서의 고전이라 할 수 있는 스티븐 코비 Stephen Covey 박사의 《성공하는 사람들의 7가지 습관》에서 나는 두 번째 습관인 '끝을 생각하며 시작하라'를 가장 좋아한다. 저자는 이와 관련해 "모든 것은 두 번 창조된다. 첫 번째는 정신적인 창조고 두 번째는 물리적인 창조다."라는 무척 인상적인 설명을 한다.

이 두 번째 습관의 두 가지 창조는 리더십 원칙에 토대를 둔다. 첫 번째 창조는 리더십이고 두 번째 창조는 관리다. 리더십과 관리의 차이점은 무엇일까? 정글에 들어갔을 때 가장 높은 나무 위로 올라가 주변 상황을 조사한 뒤 "잘못된 정글이야!"라고 소리치는 사람이 바로 리더라고 한다.

시작한 모든 일을 선택적으로 마무리하기 위해 목표 설정이 얼마나 중요한지 이를 통해 알 수 있다. 목표는 단기와 장기로 나눠야 한다. 그래야 지금 당장, 다음 주, 다음 달, 아니면 5년 안에 무엇을 마무리해야 하는지 판단할 수 있다.

직장과 개인 삶에서의 목표는 당신이 무엇을 성취하고 싶은지 아는데 도움이 된다. 성취하고 싶은 것이 명확해지면 그 실현을 위해 시간과 에너지를 투입할 수 있다.

하지만 목표가 불변의 모습일 필요는 없다. 상황의 변화, 혹은 가치관의 변화에 따라 조정 가능하도록 유연성이 있어야 한다. 물론 1장에서 살펴본 시간 낭비 요소나 나쁜 습관 22가지 때문에 목표가 미뤄지거나 포기되어서는 안 될 것이다.

목표는 '과정을 계속 진행'하도록 해준다. 위기와 어려움이 닥치더라도 혼란을 겪지 않고 명료하고 단호하게 반응하도록 한다.

지금 이 순간 내 목표는 이 책의 집필 작업을 계속하는 것이다. 이 목표에 있어 불명확한 부분은 없다. 나는 잠에서 깬 후 이메일과 링크드인(사업상 누가 어떤 연락을 해왔는지 확인해야 한다.), 책 판매량을 점검한다. 그리고 30분 이내로 집필 작업에 집중한다.

당신은 자신을 위해 장기 목표뿐만 아니라 단기 목표도 세워두었는가? 단기 목표 수립이 유익한 이유는 장기 목표를 달성하기 위한 단계별 디딤돌로서 단기 목표가 더 명확해지고, 장기 목표 설정에도 도움이 되기 때문이다.

대학에서는 학생들의 단기 목표에 초점을 맞추는 경향이 있다. 강의 계획서에서 이는 '학습 성과'라고 불린다. 그런데 이 학습 성과는 특정 강좌에서 장기 목표, 즉 그 학기가 학생의 직무와 인생 전반에 어떤 역할을 하게 될지 생각하고 학부와 대학원이 원하는 평생 학습자를 키워내는 데에도 기여한다.

목표 설정의 기본 법칙, SMART

목표를 설정하는 가장 널리 알려진 방법은 SMART 방법이다. 던컨 호히Duncan Haughey 의 논문 〈SMART 목표의 약사A Brief History of SMART Goals 〉에서 컨설턴트 조지 도란George T. Doran 이 〈경영학 리뷰Management Review 〉1981년 11월호에 제시한 개념이라고 소개한 내용이다. SMART는 다음의 머리글자다.

S = 구체적인Specific

M = 측정 가능한Measurable

A = 의뢰 가능한Assignable

R = 현실적인Realistic

T = 시한이 정해진Time-related

조금 더 자세한 내용을 살펴보자. '구체적인Specific'은 핵심 개념 하나에 초점을 맞추라는 의미다. 시작한 일을 끝내기 위해서뿐 아니라 목표를 설정하기 위해서도 초점 맞추기는 핵심적이다. "나는 더 생산적인 사람이 되어 더 많은 일을 하고 일단 시작한 중요한 일을 다 끝내기를 원해."라고 말하기보다는 가장 중요한 과업이나 프로젝트의 이름을 대야 한다. "현재 개발 중인 신제품 시장 보고서를 끝내는 것이 목표다."라고 말한다면 구체적이다.

'측정 가능한Measurable'은 목표 달성을 측정할 방법이 있어야 한다는 뜻이다. 예를 들어 "상사가 요청한 시장 보고서를 3일 안에 끝내는 것이 목표다."라고 말할 수 있다. 이 목표는 한층 더 측정 가능하도록 만들 수 있다.

'의뢰 가능한Assignable'은 업무를 누가 담당할 것인지를 말한다. 위의 사례를 다시 활용하자면 다음과 같이 말할 수 있다. "내 목표는 상사가 요청한 시장 보고서를 2일 안에 끝내고 3일째에는 비서에게 맡겨 검토를 끝내는 것이다."

'현실적인Realistic'은 무엇일까? 시장 보고서 작성이 실은 3일이 아니라 최소 4~7일이 필요한 작업이라면 앞선 사례의 목표는 비현실적이다.

마지막 글자 '시한이 정해진Time-related'도 비슷한 맥락이다. 목표가 달성될 특정 시점을 정해두어야 한다는 것이다.

자, 이제 당신이 끝내지 못했지만 마무리하고 싶은 업무 프로젝트 혹은 개인적인 과업에 SMART 접근법을 적용해보면 어떨까? 지금부터 시작해보자.

SMART 접근법 적용해보기

당신의 목표는 무엇인가? _____

이제 SMART 접근법을 넣어보자.

S = 구체적인 Specific

당신이 끝내야 하는 일을 구체적인 표현으로 다시 써보라.

_____

M = 측정 가능한 Measurable

목표 달성을 향해 가는 과정을 어떻게 측정할 수 있는가?

_____

A = 의뢰 가능한 Assignable

누가 최종 마무리 과정에 참여할 것인가?

_____

R = 현실적인 Realistic

시간이 얼마나 걸릴 것인가?

_____

시작한 일을 반드시 끝내는 습관

그 시간 계획은 현실적인가?　예 _____　아니요 _____

만약 아니라면 목표 달성에 필요한 진짜 시간은 얼마나 되는가?

_____

T = 시한이 정해진Time-related

이제 더 구체화해보자. 목표를 달성하게 될 날짜는 언제인가?

_____

던컨 호히의 논문 〈SMART 목표의 약사〉에서는 SMART를 SMARTER로 확장하기도 한다. 추가되는 두 글자 E와 R의 의미는 다음과 같다.

'평가된Evalualed'은 목표가 어느 정도 달성되었는지를 고려한다는 의미다.

'검토된Reviewed'은 진전 상태를 점검하며 행동이나 방법론에서 필요한 수정과 보완을 하는 추가적인 단계다.

당신이 끝내고 싶은 과업이나 프로젝트, 즉 목표에 SMART로 접근하든, SMARTER로 접근하든 모두 최종 달성을 위한 강력한 도구가 될 것이다.

이제부터는 장기 및 단기 목표와 관련된 보다 상세한 자기평가를 살펴보자.

상세한 장단기 목표를 설정하라

다음 장에 업무적 혹은 개인적인 장기 목표를 써라. 날짜도 적어두어 나중에 장기 목표가 변경된 후에도 순서대로 살펴볼 수 있도록 하자.

당신이 설정한 장기적인 업무나 경력 측면의 목표는 무엇인가? 공부를 더 하기 위해 학교로 돌아가는 것? 학위를 받거나 자격증을 따는 것? 중간 규모 이상의 기업 CEO가 되는 것? 자기 회사를 시작하는 것? 연봉이 특정 금액에 도달하는 것? 경력에서 특정 수준을 달성하는 것?

업무/경력 측면의 장기 목표

기록 날짜 ＿＿＿＿＿＿

나는 현재 나이가 ＿＿＿＿＿세다.

다음은 내가 달성하고 싶은 업무/경력 목표다.

향후 25년의 내 목표는 ＿＿＿＿＿＿＿＿＿＿＿＿＿＿＿＿＿＿이다.

향후 20년의 내 목표는 ＿＿＿＿＿＿＿＿＿＿＿＿＿＿＿＿＿＿이다.

향후 15년의 내 목표는 ＿＿＿＿＿＿＿＿＿＿＿＿＿＿＿＿＿＿이다.

향후 10년의 내 목표는 ＿＿＿＿＿＿＿＿＿＿＿＿＿＿＿＿＿＿이다.

향후 5년의 내 목표는 ＿＿＿＿＿＿＿＿＿＿＿＿＿＿＿＿＿＿이다.

향후 2년의 내 목표는 ＿＿＿＿＿＿＿＿＿＿＿＿＿＿＿＿＿＿이다.

이제 개인적인 목표로 가보자. 개인적인 목표는 매우 중요하다. 개인적인 목표가 무엇인지, 그 목표가 달성되었는지에 따라 업무/경력 목표 달성 여부가 결정되거나 목표가 변경되는 일이 많기 때문이다. 어떤 개인적인 목표를 설정하고 싶은가? 평생 함께할 사랑을 찾는 것? 가족을 이루는 것? 꿈꾸던 곳으로 2주 동안 가족 휴가를 떠나는 것? 고등학교 동창회를 주최하고 참석하는 것? 마라톤 훈련을 하고 시합에 참여하는 것? 늘 읽고 싶던 고전 다섯 권을 읽는 것? 무료 급식소에서 봉사하는 것? 옷장을 정리하는 것?

개인 측면의 장기 목표

기록 날짜 _____

나는 현재 나이가 _____세다.

다음은 내가 달성하고 싶은 개인 목표다.

향후 25년의 내 목표는 _____이다.

향후 20년의 내 목표는 _____이다.

향후 15년의 내 목표는 _____이다.

향후 10년의 내 목표는 _____이다.

향후 5년의 내 목표는 _____이다.

향후 2년의 내 목표는 _____이다.

장기 목표를 기록했으니 업무/경력 및 개인 두 측면의 단기 목표도 똑같이 정리해보자. 내가 가장 좋아하는 시간관리 도서, 앨런 라킨_{Alan} Lakein의 《시간을 지배하는 절대법칙》은 지금 당장의 내 시간을 어떻게 써야 하는가에 초점을 맞춘다. 내게 오늘 이 시간을 보내면서 제일 중요한 단기 목표는 책 집필이다.

업무/경력 측면에서 당신의 단기 목표가 무엇인지 생각해보라. 시작한 일을 다 끝내기 위해 어떻게 시간을 나누면 좋을까? 다음 1시간 동안의 업무/경력 단기 목표는 무엇인가? 다음 2시간 동안은? 오전 시간 동안은? 오후에는? 이번 주말까지는? 월말까지는? 3개월 후까지는? 반년 후까지는?

앞서 소개했듯 사우스웨스트 뉴스 서비스에 따르면 미국인들은 하루 평균 80회씩 휴대전화를 확인한다. 휴대전화 확인 횟수를 줄인다면 얼마나 더 많은 일을 할 수 있을지 상상이 가는가? 단기적으로 다음 30분, 다음 1시간, 다음 2시간, 오전 시간, 오후 시간, 퇴근까지의 시간, 주말까지의 시간 동안 얼마나 더 많은 일을 할 수 있을 것 같은가?

다음 빈칸에 최대 1년까지의 단기 목표를 써보라. 1년을 넘어서는 경우라면 장기 계획에 포함하도록 하자.

업무/경력 측면의 단기 목표

기록 날짜 _____

나는 현재 나이가 _____세다.
다음은 내가 단기적으로 달성하고 싶은 업무/경력 목표다.

30분 동안의 내 목표는 _____ 이다.

1시간 동안의 내 목표는 _____ 이다.

2시간 동안의 내 목표는 _____ 이다.

정오까지의 내 목표는 _____ 이다.

오후 5시까지의 내 목표는 _____ 이다.

금요일까지의 내 목표는 _____ 이다.

향후 3개월의 내 목표는 _____ 이다.

향후 6개월의 내 목표는 _____ 이다.

향후 1년의 내 목표는 _____ 이다.

이제 개인 측면의 단기 목표를 작성할 차례다. 개인적 목표인 만큼 기간은 근무 시간 후, 그러니까 오전 9시부터 오후 5시까지의 근무 형태인 경우라면 오후 6시나 7시부터 잠들기 전까지, 그리고 주말과 휴일이 된다.

개인 측면의 단기 목표

기록 날짜 _____

나는 현재 나이가 _____세다.

다음은 내가 단기적으로 달성하고 싶은 개인 목표다.

(근무 후 시간)

잠잘 시간까지의 내 목표는 _____이다.

(주말의 경우)

금요일 근무 종료 후의 내 목표는 _____이다.

토요일 낮의 내 목표는 _____이다.

토요일 저녁의 내 목표는 _____이다.

일요일 낮의 내 목표는 _____이다.

일요일 저녁의 내 목표는 _____이다.

가장 먼저 해야 할 일은 무엇일까

일의 우선순위를 정하는 과정에서는 수많은 요소가 작용한다. 기한이 중요한 일인가, 오래 걸리더라도 원하는 결과에 도달하는 것이 중요한 일인가? 개인적 삶의 긴급한 사안들이 업무의 우선순위에 큰 영향을 미치기도 한다. 비록 우리는 자신이 모든 것을 통제할 수 있는 이상적인 존재라고 착각하는 경향이 있긴 하지만 말이다. 예를 들어 재택근무를 하는 기자가 전화 인터뷰 일정을 잡아두었는데 갑자기 세 살짜리 아이가 낮잠에서 깨어나 울음을 터뜨렸다고 하자. 그러면 일단 아이를 달래는 일이 가장 먼저 해야 할 일이 된다.

현재 작업 중인 작업이나 프로젝트를 끝날 때까지 계속해야 하는지, 아니면 다른 일로 전환하는 것이 나을지 판단하고 우선순위를 정하기 위해 다음 문항에 답해보자.

지금 어디에 초점을 맞출지 결정하기

1. 현재 내가 하는 작업의 우선순위를 평가하면 1~5점 중 몇 점인가? _____

2. 하고 있는 일을 중단하고 새로 하려는 작업의 우선순위를 평가하면 1~5점 중 몇 점인가? _____

3. 새로 하려는 작업에 비해 현재 하고 있는 일은 기한이 얼마나 중요한가? 1~5점으로 평가한다면? _____

4. 하고 있는 일과 새로 하려는 일이 결혼식이나 장례식 등 일회성이거나 한 번뿐인 기회인가, 아니면 정기적으로 반복되는 것인가? _____

5. 하고 있는 일의 시한이 얼마나 중요한가? 조정 여지가 있다면 1점, 반드시 지켜야 하는 일정이라면 5점으로 평가해보자. _____

6. 단기적으로 볼 때 지금 하고 있는 일과 하려는 일 중 어느 쪽이 더 내게 도움이 되는가? _____

7. 하고 있는 일은 누가 요청한 것인가? 상사, 동료, 상사의 상사, 아니면 자기 자신? _____

*이 문항들은 내 책 《7일, 168시간》에 소개된 것을 약간 수정하였다.

우선순위를 설정하는 방법들

우선순위를 정하는 방법은 여러 가지다. 가장 유명한 것은 스티븐 코비가 《성공하는 사람들의 7가지 습관》에서 소개한 시간관리 사분면이다. 왼쪽 위의 1사분면은 '긴급한 일'이다. 오른쪽 위의 2사분면은 '긴급하지 않은 일'이다. 이 사분면의 위쪽은 중요한 일이고 아래쪽은 중요하지 않은 일이다. 그리하여 3사분면은 '긴급하지만 중요하지 않은 일', 4사분면은 '긴급하지도 중요하지도 않은 일'이 된다.

여기서 핵심은 '중요하고 긴급한 일' 및 '중요하고 긴급하지 않은 일'을 먼저 하고 3사분면과 4사분면에 시간을 낭비하지 않는 것이다. 3사분면과 4사분면에는 어떤 일이 있을까? 스티븐 코비에 따르면 방해 요소들, 분주한 작업, 시간 낭비 요소, 더 나아가 일부의 회의와 일부의 전화통화가 포함된다.

우선순위를 정하는 또 다른 방법은 파레토의 80 대 20 법칙이다. 이탈리아 경제학자 빌프레도 파레토Vilfredo Pareto는 1906년, 조국 이탈리아 토지의 80퍼센트를 인구의 20퍼센트가 소유하고 있다는 점을 발견했다. 시간이 흐르면서 80 대 20 규칙은 다른 개념에도 적용되었고 시간관리와 관련해서는 20퍼센트의 노력으로 80퍼센트의 결과를 얻을 수 있다는 주장도 나왔다. 핵심은 그 20퍼센트가 어떤 것인지, 이를 우선순위 결정에 어떻게 적용하여 업무와 개인 삶에서 최대의 효과를 거둘 것인지 파악하는 것이다.

우선순위 결정이란 무슨 의미인가? 어떤 활동을 하든 그것을 통해 지금 현재의 시간을 최고로 사용한다는 뜻이다. 활동은 프로젝트일 수도, 인간관계일 수도, 중요한 과업일 수도 있다. 그것은 이 순간 당신이 하고 싶은 일과 항상 일치하지는 않는다. 다만 해야 하는 일이라는 점은 분명하다.

때로는 상사가 당신의 우선순위를 결정한다. 반면 당신이 사장이라면 일의 특성이 변수로 작용할 것이다. 우선순위가 명확하게 판단되는 사람들도 일부 있긴 하지만 그보다는 여러 선택 가능성을 계속 평가해 오늘 아침, 낮 시간, 저녁 시간, 아니면 지금 이 순간에 해야 할 일을 결정해야 하는 사람들이 더 많다.

행동하라, 당신의 우선순위대로

다시 한번 내가 좋아하는 머리글자 방식으로 접근해보자. 2008년에 출간한 책 《7일, 168시간》에서 만든 액션 ACTION! 전략이다.

A = 평가 Assess

C = 통제 Control

T = 목표 Target

I = 혁신 Innovate

O = 조직 Organize

N! = 지금 Now!

시작한 일을 모두 마무리하기 위해 적용할 방법은 다음과 같다.

A = 평가 Assess

미완 상태이지만 무엇보다 먼저 끝내야 한다고 생각되는 일들을 모두 살펴보라. 앨런 라킨의 말처럼 무엇을 끝내는 데 지금 당장의 시간을 쓰는 것이 최선일까?

지금 내가 몇 권의 출판 계약을 해두었는지 밝힐 필요는 없지만 지금 당장 집중하여 끝내려는 것은 바로 이 책이다. 나는 계약한 책들 각각의 마감 시한을 평가했다. 마감 시한 조정의 여지가 가장 없는 것이 이 책이었다. 출판사에서 이미 출간일자를 확정해두었기 때문이다. 덕분에 나는 이 책 집필이 다른 무엇보다도 먼저 해야 할 일이라는 판단을 내릴 수 있었다.

하지만 이 책이 제일 시급한 일로 선택된 데는 또 다른 이유도 있다. 이 책을 쓰고 마무리하는 것이 다른 작업에 도움이 된다고 생각했던 것이다.

이 책에 담긴 내용들은 나 자신에게 꼭 필요한 것이다. 나는 이미 책을 45권 출판했으니 또 한 권을 끝낼 수 있다는 점은 분명하다. 하지만 45권을 쓰고 출판한 일은 46번째 책을 끝내는 일과는 거의 관련이 없다. 책마다 서로 다른 도전을 제기하기 때문이다.

마찬가지로 중요한 회의에서 연설 요청을 받았다면 지난주의 연설이 매우 성공적이었다 해도 다시 처음부터 준비를 시작해야 한다. 지난주 연설이 잘되었다고 다른 청중을 대상으로 한 새로운 연설도 잘되리라 생각하는 순간 실패 확률은 대폭 높아진다.

첫 직장에서 일을 시작했던 날, 첫 책을 쓰던 때의 신선함, 열정, 완벽을 향한 노력으로 매번의 일에 임한다면 결과가 만족스러울 가능성이 크다. 한마디로 줄인다면 다음과 같다. "절대 안심하지 말아야 한다."

C = 통제 Control

당신 자신의 영향력이 미칠 수 있는 것에 초점을 맞춰라. 남들이나 갑자기 등장하는 장애물이 아닌 자신의 행동이 중요하다. 해야 할 일은 늘 많고 처리해야 할 방해 요소도 늘 출몰한다. 하지만 시간관리 분야에서 30년 이상 이어진 내 관찰 결과에 따르면 시간을 최고로 활용하지 못하도록 가로막는 것은 바로 남들이 아닌 자기 자신이 만든 방해 요소다.

지금부터는 휴대전화를 받는 대신 자동 응답 기능을 작동시켜보라. 우선순위가 가장 높은 프로젝트에 집중할 수 있도록 새로운 프로젝트를 거절한다는 선택도 가능하다.

액션 ACTION! 전략의 C를 활용할 또 다른 방법은 무엇일까? 당장의 프로젝트를 마무리할 전략은?

너무 많은 업무에 시달리고 있다면 물리적 위치를 일시적으로라도 이동해 프로젝트에 집중해야 한다. 만약 회사에 도서실이 있다면 생각을 정리하고 계획을 수립할 장소로 활용할 수 있다. 재택근무가 허용된다면 방해 요소가 적은 집에서 하루나 이틀을 보내는 방법도 좋다. 반면 집에 어린 자녀가 있거나 방해 요소가 많다면 집에서 벗어나 공공도서관이나 커피숍, 최근 점점 일반화되고 있는 공용 사무실 등 바깥으로 나가는 선택지도 있다.

T = 목표 Target

끝내고자 하는 특정 과업을 집중 목표로 삼아야 한다. 그 일이 끝나면 다음 목표를 겨냥할 수 있다. 목표가 구체적일수록 달성 가능성이 커진다. '소설 집필'이라는 목표 대신 '영국 통치가 끝나가는 1940년대 인도를 배경으로 한 공상과학 소설이나 역사 소설 집필'이라고 구체화하는 것이다.

I = 혁신 Innovate

새로운 것을 기꺼이 시도하라. 시작한 일을 더 빠르고 쉽게, 더 잘 끝내도록 해주는 새로운 아이디어나 신기술을 받아들여라. 깜박 잊어버리고 있었지만 지금 적용해볼 만한 방법론은 무엇인가?

O = 조직 Organize

과업 진행의 속도를 높이고 끝낼 가능성을 크게 하는 조직 개념은 업무 과정 분석에서부터 유사 업무 모으기(전화 인터뷰를 하루에 몰아서 하기 등), 긴급 프로젝트에 투입하는 시간을 일상화하기(매일 오전 9시부터 12시까지는 프로젝트에 할애해 예측 가능한 리듬을 만들고 생산성을 높이는 것)에 이르기까지 다양하다.

N! = 지금! Now!

우선순위에 따라 목표로 삼은 일 외에 당신이 할 수 있는 일은 아마 100만 개쯤 될 것이다. 액션 ACTION! 전략의 N은 미뤘다가는 결국 제때 끝낼 수 없다는 점을 기억하기 위한 것이다.

일을 끝내는 것이 시작하는 것보다 어렵다고 말하는 사람들이 대부분이기는 하지만 막상 미뤄뒀던 일을 다시 잡으면 예상보다 훨씬 빨리 진척된다는 데 놀라는 상황이 빚어지곤 한다. 멈춤으로써 동력을 잃어버렸던 것뿐이다. 멈추게 되는 이유는 물론 충분히 많다. 예를 들어 상사가 다른 일부터 하라고 지시했다거나 당신만 해결할 수 있는 고객 서비스 문제가 발생했을 수 있다. 하지만 조금만 더 생각해보면 우리가 1장에서 다룬 믿음, 행동, 나쁜 습관 22가지 중 하나가 작동했을 가능성이 크다. 만약 지금 당장 가장 시급한 일에 매달리지 못하는 이유를 인식하고 해결할 수 있다면 시작한 일을 모두 끝내는 길도 멀지 않을 것이다.

다음 장에서는 과업을 끝내는 검증된 도구인 '할 일 목록'을 살펴보겠다. 일단 그에 앞서 이 장의 연습 문제를 풀어야 하는데, 이를 위해서는 앞에서 작성했던 시간 기록표가 필요하다.

자신이 작성한 시간 기록표를 살펴보자. 최소 하루 근무일에 대한 상세한 정보가 담겨 있을 것이다. 이제 우선순위 파악과 장단기 목표 설정이 이루어졌으니 시간 기록표의 낮 시간과 저녁 시간 활동 중에서 끝내야 할 일과 관련된 것에 동그라미를 쳐라.

그 일을 끝내기 위해 시간의 일부, 혹은 대부분을 사용하고 있는가? 우선순위가 높은 프로젝트를 수행하고 있다고 생각하면서도 실제로는 관련이 없는 잡다한 일을 하고 있을지 모른다. 필요한 일에 시간과 에너지를 많이 투입하고 있는데도 예상만큼 신속하게 일이 마무리되지 않는 상황일지도 모른다.

이렇게 당신이 자신에 대해 알게 되는 정보들은 시간을 더 잘 관리하는 사람이 되고 시작한 모든 일을 끝내는 능력을 갖추는 데 유용하게 활용될 것이다.

미완인 일의 우선순위 정하기

미완 상태의 프로젝트나 과업이 모두 똑같이 중요한 것은 아니다. 분류는 당신 자신이 해야 하는 일이다. 물론 가끔은 남이 해주는 경우도 있다. 갑자기 상사가 책상으로 다가와 "지금 하는 일은 다 제쳐두게. 1시간 안에 끝내야 할 일이 있어."라고 말하는 때가 그렇다.

미완 상태인 여러 과업, 프로젝트, 관심사를 분류하고 해야 할 일을 정리하려면 목록을 만들어야 한다. 업무 관련 목록과 개인사 관련 목록을 따로 만드는 방법도 있다.

목록의 각 항목 옆에는 '지연 사유'와 '미완의 결과'를 써라. 각 항목을 살펴보면서 계속해야 할 일과 그만둘 일을 구분하라. 계속하여 끝내야 할 일들의 순서도 잡아보라. 시간 계획을 덧붙일 수도 있다. 즉시 할 일, 오늘 근무일까지 할 일, 이번 주말까지 할 일, 월말까지 할 일, 반년이나 1년, 5년 안에 할 일 등등.

다음은 당신이 미완 목록을 만들 때 참고할 수 있는 샘플이다.

미완성 목록 작성해보기

업무상 프로젝트, 과업 또는 관심사

원하는 일인가, 아니면 주어진 일인가?

끝내지 못하면 어떤 결과가 빚어지는가?

이 일을 끝내는 것은 얼마나 중요한가?

중요하지 않으면 1점, 가장 중요하면 10점으로 점수를 부여하라.

반드시 끝내기로 결심했다면 시간 계획은 어떻게 되는가?

당신이 끝내고 싶은 업무상 혹은 개인적 과업의 모든 항목에 대해 위 양식을 채워보라.

각 과업을 모두 살펴보았다면 가장 중요한 것에 1이라는 번호를 붙이고 차례대로 번호를 붙여나가라. 그런 다음 번호순으로 목록의 항목들을 다시 정리하라.

목록에 날짜를 적고 항목 하나가 끝날 때마다 목록을 수정하라. 하지만 상황이 변화하면 유연성을 발휘해 기존 항목을 지우고 새로운 항목을 집어넣도록 하라.

1 액션_{ACTION}! 전략을 활용하자. 13장의 전략 워크시트를 사용해 당신이 끝내고
   싶은 시급한 프로젝트나 과업을 정리해보자.

2 목표 설정에 대해 생각을 정리한 뒤 다음 업무 관련 목표, 개인적인 목표, 프로
   젝트 완료 목표 세 영역의 1순위 목표를 적어보자.

업무 (학업) 목표 _____

개인 목표 _____

프로젝트 완료 목표 _____

이제 각각의 목표에 대해 SMART를 따져보자.

업무 (학업) 목표 _____

S = 구체적인_{Specific} _____

M = 측정 가능한_{Measurable} _____

A = 의뢰 가능한_{Assignable} _____

R = 현실적인_{Realistic} _____

T = 시한이 정해진_{Time-related} _____

개인 목표 _____

S = 구체적인_{Specific} _____

M = 측정 가능한_{Measurable} _____

A = 의뢰 가능한_{Assignable} _____

R = 현실적인 Realistic _____

T = 시한이 정해진 Time-related _____

프로젝트 완료 목표 _____

S = 구체적인 Specific _____

M = 측정 가능한 Measurable _____

A = 의뢰 가능한 Assignable _____

R = 현실적인 Realistic _____

T = 시한이 정해진 Time-related _____

7장

'할 일 목록'은 목표 달성에
어떻게 기여할까

'내일 해야 하는 일이 뭐였지?'

매일 밤 잠자리에 들기 전에 다음 날 해야 할 일을 기록함으로써 불면증을 해결했다는 어느 여성을 인터뷰했던 일이 있다. 구체적인 목록이 만들어지면 잠을 잘 수 있었지만 할 일 목록이 없으면 '내일 해야 할 일이 무엇이지? 뭘 하기로 했지? 꼭 해야 할 일을 잊은 건 아닐까?'라는 불안감에 밤새도록 시달렸다는 것이다.

어쩌면 당신은 할 일 목록이 없어도 편안하게 밤잠을 잘 수 있는 유형일지도 모른다. 하지만 대부분의 경우에는 정기적으로 목록을 작성하든, 잠깐 짬 날 때 대략 목록의 얼개만 만들든 할 일 목록이라는 것이 시작한 모든 일을 끝내는 데 유용한 도구가 된다.

한때 나는 별로 유용하지 않은 할 일 목록을 사용했다. 중요한 프로젝트부터 일상 잡무에 이르기까지 해야 할 일 47가지를 나열한 형태였다. 기다란 할 일 목록은 체계화된 자기관리 도구로 작동하지 못한다. 모든 정보를 한데 모았다는 의미는 있어도 현실적이고 관리 가능한 목록이 아니기 때문이다.

할 일 목록의 한 가지 핵심은 시간 요소다. 어떤 프로젝트나 과업을 해야 하는가뿐 아니라 얼마의 시간을 들여 언제까지 해야 하는지 포함해야 하는 것이다. 완료하고 나면 어떻게 표시할 것인지도 결정하라. 가위표를 그려 지울 것인가, 완료 표시를 할 부분을 만들어둘 것인가?

할 일 목록을 만들면서 꼭 기억해야 할 점은 기존 할 일 목록의 모든 항목이 완료되지 않았다면 미완의 것을 새로운 할 일 목록으로 옮겨주어야 한다는 것이다. 안 그랬다가는 예전 목록의 미완성 작업이 그 상태로 방치되어 잊히게 된다.

할 일 목록의 예는 다음과 같다. 복사하여 사용할 수 있도록 양식 몇 개를 13장에 실어두었다. 사무용품점에서 할 일 목록을 구입할 수도 있다.

할 일 목록

날짜 _____

할 일 _____ 완료 시점 _____ 완료 일자 _____

프로젝트(혹은 프로젝트 내 과업)

1 _____ _____ _____

2 _____ _____ _____

3 _____ _____ _____

4 _____ _____ _____

5 _____ _____ _____

6 _____ _____ _____

7 _____ _____ _____

8 _____ _____ _____

개인 볼일(혹은 잡무)

1 _____ _____ _____

2 _____ _____ _____

3 _____ _____ _____

4 _____ _____ _____

컴퓨터에 마이크로소프트 엑셀 소프트웨어가 깔려 있다면 그걸 활용해 할 일 목록을 만들어도 좋다. 제일 왼쪽 A열에 해야 할 일을 써라. 상세한 설명을 넣어도 좋다. C열에는 소요 시간을 쓰고 D열에는 체크할 수 있는 칸을, E열에는 완료 일자를 써보라.

해야 할 일을 손으로 직접 기록하면서 필요한 일을 기억하는 일은 퍽 중요하다. 강의실에서도 나는 대학생들에게 손으로 메모를 하라고 권한다.

수기 메모는 점차 사라져가는 기술이긴 하지만 컴퓨터나 전자기기에 메모하는 것에 비해 훨씬 효과가 크다는 연구 결과가 많다. 물론 컴퓨터 메모도 아예 메모하지 않는 것보다는 낫다. 그럼에도 가능한 한 손으로 써서 메모하는 것의 장점이 더욱 크다. 이는 할 일 목록을 쓰고 관리하는 데도 똑같이 적용된다. 직접 손으로 쓰게 되면 노력을 기울여 달성할 가능성이 커진다. 쓰는 행동이 실제 행동을 대신한다는 의미는 아니다. 할 일 목록에 써놓은 일을 수행하는 것은 당신 몫이다.

하지만 할 일 목록의 과업을 끝내기 위해 무엇을 할 것인지 손으로 쓰는 행동은 목표를 구체화하고 실행하는 데 분명히 도움이 된다. 잘 구성된 할 일 목록은 자신의 목표 달성 과정을 모니터하게끔 도와줄 것이다.

맞춤형 할 일 목록 만들기

앞선 두 장에서 우리는 현실적인 마감 시한이 목표 설정에 도움이 된다는 점을 언급했다. 과업이 완료되기까지 실제로 걸리는 시간이 얼마인지 잘 알면 애초부터 현실적인 마감 시한을 정할 가능성이 커진다. 할 일 목록에 각 과업의 소요 시간을 기록하면 생산성도 파악 가능하다.

자영업자거나 시간별로 보수를 받는 컨설턴트라면 1시간 동안 자신이 해낼 수 있는 일이 얼마만큼인지 정확하게 알면 알수록 더 현실적으로 보수를 책정할 수 있을 것이다.

이제 할 일 목록 작성 방법을 알아보자. 크게 두 가지가 있다.

- 시간순
- 중요도순

시간순으로 할 일 목록을 작성한다면 낮 시간에서 저녁 시간에 이르기까지, 아침에 일어나 밤에 잠들 때까지 무엇을 할지 정리하게 된다. 만약 중요도순이라면 언제 할 것인지에 관계없이 중요하다고 생각하는 순서대로 할 일이 나열될 것이다.

"난 할 일 목록 만드는 게 정말 질색이야!"라고 비명을 지르고 싶은가? 그래도 아마 장보기 목록 정도는 만든 적이 있을 것이다. 아니라면 당신은 상점에서 더 많은 시간과 돈을 쓰고 있는 상태일 것이다. 장보기 목록은 슈퍼마켓에서 짧은 시간 내에 계획대로 구매할 수 있도록 도와준다.

마찬가지로 주요 프로젝트를 관리하는 목록이 만들어지면 더 효율적인 일 처리가 가능하다. 끝내야 하는 프로젝트 규모가 거대할 경우 중간중간에 세부 과제를 차례대로 마쳐야 할 수도 있다.

예를 들어 연례 워크숍을 진행하는 일은 할 일 목록에 한 항목으로 넣기에는 너무 큰 단위다. 그러면 전체 프로젝트 명칭은 '연례 워크숍 계획'으로 잡고 특정일까지 끝내야 할 일들을 정리할 수 있다. 다음과 같이 말이다.

1. 지난해의 연례 워크숍 기획 담당과 이메일로 혹은 대면 회의로 만나 관련 연락처를 확보한다.
2. 인터넷 검색이나 여행사 의뢰를 통해 가능한 장소를 물색한다.
3. 인사과 담당자와 연락해 예상 참여자 명수를 뽑는다.
4. 일정 계획을 확인하고 변동 가능성이 있는지도 점검한다.
5. 연례 워크숍 준비 위원회가 만나 워크숍 주제와 세부 사항을 논의할 회의 날짜를 잡는다.
6. 사전 준비 회의 날짜를 정한다.
7. 준비 위원회 회의를 공지하는 이메일을 작성한다.
8. 다른 위원회 구성원들에게 부탁해 이메일 내용을 검토한다.
9. 문제없다고 판단되면 이메일을 발송한다.
10. 지난해 연례 워크숍 웹사이트로 가서 배포용 자료와 기념품 정보를 확보한다.
11. 기념품 샘플을 요청한다.

목표는 목록 작성이 아니다. 새로운 행사를 창조하고 문제가 없도록 점검하는 것이 목표다. 할 일 목록은 효율성을 극대화하면서 성공적인 행사가 진행되도록 도와주는 도구다.

1 오늘의 간단한 할 일 목록을 작성해보자. 근무일이어도 휴일이어도 좋다. 시간 순과 중요도순 중 어느 쪽을 택하겠는가?

오늘의 할 일 목록
날짜 _____ 요일 _____

1. _____
2. _____
3. _____
4. _____
5. _____

내일 이 목록을 검토하자. 몇 개의 항목을 달성했는가? 당신이 선택한 할 일 목록 작성 방식이 도움이 되었나?

2 종이에 손으로 쓰는 할 일 목록이 별 도움이 되지 않는다고 생각하는가? 그렇 다면 다른 어떤 방식을 사용할 계획인가? 나는 개인적으로 컴퓨터든 스마트폰 이든 수첩이든 상관없이 할 일 목록을 작성하는 편이지만 (유료 혹은 무료인) 온 라인 방식이 일간이나 주간 목표 달성에 더 좋다고 생각하는 이들도 많다.

8장

내 시간을 빼앗는 사람에게
영리하게 거절하는 법

관계를 단절시키지 않는 현명한 한마디

남들한테 거부당하고 싶어 하는 사람은 없다. 'No'라는 말은 많은 이들에게 거부로 인식된다. 상대를 기쁘게 하고 싶은 경우, 또한 자기 자신이 'No'라는 말을 듣기 싫어 하는 경우에는 'No'라고 말하기가 특히 어려워진다.

그런 도전 상황에서 결국 'Yes'라는 답을 남발한다면 결국 자신도 모르는 사이에 할 일이 어마어마하게 쌓이고 만다. 그리고 끝내야 하는 프로젝트를 완료하지 못하는 상황에 처한다.

'No'라고 조금 더 자주 대답하는 법을 익히는 것이 한 가지 치료법이다. 물론 판단을 잘해야 한다. 동료가 자기가 해야 할 업무를 도와달라고 요청한다면 거절하기가 어렵지 않지만 상사가 지금 하는 일을 일단 다 중지하고 다른 프로젝트 업무로 전환하라고 지시하는 경우에는 'No'라는 대답이 현명한 방법이 아닐 수 있다.

이 문제에 굳이 별도의 장을 할애한 이유는 상대에게 거부감이나 공격성이 느껴지지 않도록 거절하는 것이 매우 중요하기 때문이다. 자칫 잘못하면 'No'라는 말로 인해 당신에 대한 적대감이 생겨날 수도, 추가 업무를 일체 거절하는 얌체로 비추어질 수도, 장기적으로 크나큰 역풍이 불어닥칠 수도 있다.

따라서 당신의 시간과 관심을 나눠달라고 요청하는 상대의 입장과 판단을 충분히 존중한다는 느낌을 주면서 예의 바르게 거절하는 것이 중요하다. 거절하는 법을 배우는 일은 목표 설정이나 우선순위 결정과도 연관된다. 요청받은 일이 업무적인 혹은 개인적인 목표와 맞닿아 있는가? 'Yes'라고 답하는 것은 당신 자신의 우선순위 업무 달성에 유익한가? 'Yes'라고 답함으로써 당신이 시작한 일을 마무리하는 목표의 달성에 가까워지는가?

이들 질문에 대한 대답이 '아니오'라면 상대방이나 상대방의 요청을 거부하는 것은 아니지만 그 시간에 해야 할 다른 일이 있어 어쩔 수 없다는 상황을 전달하며 'No'라고 답하라. 하는 일이 끝나고 나면 바로 기꺼이 돕겠다는 말을 덧붙일 수도 있다.

도움을 요청하는 상대가 기분 상하지 않도록 'No'라고 답하는 또 다른 방법은 도울 수 있는 사람을 추천하는 것이다. 요청을 해오는 사람들은 대부분 문제를 해결할 수 있는 '누군가'를 찾는다. 당신 대신 도와줄 수 있는 사람을 추천한다면, 도움을 받을 방법을 알려준다면 상대의 분노나 실망을 잠재우게 될 것이다.

특정 사람이 아니라 조직, 협회, 회사를 추천할 수도 있다. 그러면 사전에 가능성 여부를 확인하지 않고 누군가를 추천해 곤란에 빠뜨릴 위험이 줄어든다. 당신보다는 부탁받은 업무에 더 적합하거나 특정 기회를 기다려온 회사 내 다른 부서를 추천하는 방법도 있다.

실제로는 'No'라고 하고 싶을 때 'Yes'라고 대답하는 경향이 있다면 상대를 기쁘게 하고 싶었던 어린 시절의 경험 때문일지도 모른다. 부모님의 마음에 들고 사랑과 관심을 받으려 애썼던 시절 말이다. 어른이 된 지금도 직장이나 업무 상황에서 비슷한 태도를 반복하는 것이다. 이런 상황이라면 최소한 생각할 시간을 확보하도록 하라. "제가 상황을 좀 살펴보고 다시 연락드리겠습니다."라고 말하면 시간을 벌 수 있다.

이렇게 여유를 얻었다면 믿을 만한 친구, 가족 또는 동료와 의논을 해보라. 당신이 집중해서 끝내야 할 우선순위 프로젝트들로 바쁘다는 걸 잘 아는 이들이라면 거절하라고 할 것이다. 일단 이렇게 주변의 지지를 확보한 후에는 혼자서 찬찬히 생각을 해보라. 어떤 모습으로 어떻게 거절할지 방법을 찾는 것이다. 하루나 이틀 정도 생각을 해본 뒤 거절하면 요청을 받자마자 면전에서 거절의 말을 날리는 것보다 훨씬 덜 공격적이다. 때로는 'Yes'라고 말하고 싶은 경우도 있다. 좋은 기회라는 판단 때문이다. 그럼에도 끝내야 하는 일이 있다면 'Yes'와 함께 기간과 일정을 고려해야 할 것이다.

예를 들어 "이렇게 기회를 주셔서 참으로 고맙습니다. 도와드리고 싶지만 먼저 마무리해야 하는 프로젝트들이 있습니다. 혹시 기다려주실 수 있다면 좋겠습니다. 가능할까요?"라고 말할 수 있다. 상대의 요청을 완전히 거절하는 것이 아니라 미래로 연기한다는 점이 핵심이다. (당신은 당장 끝내고 싶은 우선순위 높은 일을 처리할 시간을 번다.)

위와 같은 대답을 포함해 무리 없이 'No'라고 답하는 방법 20가지를 살펴보자.

죄책감 없이 'No'라고 답하는 연습

1. "상황이 안 됩니다만, 제안해주셔서 고맙습니다."

2. "제가 급한 일을 먼저 끝내고 몇 주 후에 다시 연락드려도 될까요?"

3. "정말이지 부탁을 들어드리고 싶지만 안타깝게도 거절할 수밖에 없는 상

황입니다. 양해를 부탁드립니다."

4. "제가 생각을 좀 해보고 다시 말씀드리겠습니다." (다음 날이나 다다음 날에 정중하게 거절하면 된다.)

5. "이렇게 저를 믿고 부탁을 해주시니 고맙습니다. 안타깝지만 시간과 다른 여러 사유로 정중하게 거절할 수밖에 없는 입장입니다."

6. "애석하게도 그날 다른 일정이 있습니다. 정말이지 아쉽습니다."

7. "전에도 거절한 적이 있는 상황이라 더욱 죄송합니다만 이번에도 어쩔 수가 없네요."

8. "귀하와 귀하의 기업이 모두 제게 무척 중요합니다만, 이런 너그러운 제안을 받아들이지 못해 송구합니다."

9. "마감에 쫓기고 있어 도저히 불가능합니다."

10. "그렇게 요청해주시니 참으로 기쁩니다만 안타깝게도 거절할 수밖에 없습니다."

11. "지금은 불가능합니다. _____(특정 시간이나 날짜)에 다시 말씀해주실 수 있나요? 그럼 긍정적으로 검토하겠습니다."

12. "방금 다른 일을 맡은 상황이어서 새로 맡을 여유가 없습니다."

13. "죄송하지만 저는 할 수 없는 상황입니다. 혹시 다른 사람을 추천해드리면 어떨까요?"

14. "감사하지만 안타깝게도 거절할 수밖에 없습니다."

15. "제가 동시에 두 군데 참석할 수 있으면 참 좋을 텐데요. 딱 그 시간에 다른 일정을 이미 약속한 상황입니다."

16. "죄송합니다만 제가 출장을 가게 되어 그 전에 마무리할 일이 많습니다.

돌아온 후에 다시 연락 주실 수 있을까요?"

17. "제안하신 내용을 신중하게 살펴보고 몇 주 안에 다시 연락을 드리겠습니다. 그 정도 시간 여유를 주실 수 있다면요."

18. "아, 지금은 안 됩니다. 지금은 때가 안 맞네요. 나중은 모르겠습니다만."

19. "다른 때라면 모르겠지만 지금은 도저히 시간이 안 됩니다."

20. "안 되겠습니다. _____ (이유) 때문에 그렇습니다."

*내 책 《7일, 168시간》에 소개된 내용을 편집하고 다섯 가지를 추가로 덧붙인 것이다.

다음 장에서는 업무의 일부 또는 전부를 다른 사람에게 위임함으로써 당신만이 할 수 있는 일을 할 여유를 얻는 방법을 살펴보겠다.

시작한 일을 반드시 끝내는 습관

1 어제, 지난주, 지난달 또는 그보다 더 먼 과거를 돌이켜보자. 'No'라고 했어야 할 상황에서 'Yes'라고 답한 일은 무엇이었나? 그때 상황을 써보자.

_____

 업무상 혹은 개인적인 일에서 'Yes'라고 답한 결과 어떤 부정적 혹은 긍정적 결과가 발생했는가?

_____

 이 장에서 배운 내용을 바탕으로 그때의 상황을 머릿속으로 재현해보자. 'Yes' 라고 대답해서 지금은 후회스러운 그 일에 대해 애초에 어떻게 대응하면 좋았을까? 다음번에는 어떻게 상대를 배려하면서 거절 의사를 전달할 수 있을지 아래에 써보자.

_____

2 이 장의 앞부분에서 언급했듯이 'No'라고 대답하기 힘든 사람들은 'No'라는 말도 듣기 힘들어한다. 당신이 마지막으로 'No'라는 말을 듣고 화났던 때는 언제 인가?

_____

 얼마나 오래전에 있었던 일인가?

_____

 당신이 들었던 'No'라는 대답 때문에 결국 지금 당신이 'Yes'라는 대답을 자주 하는 사람이 되었다고 생각하는가?

_____

9장

일을 맡길 때
꼭 체크해야 할 것들

혼자서 다 해낼 수는 없다

미완의 프로젝트들에 파묻힌 사람들은 'No'라고 답하지 못하는 것뿐 아니라 모든 일을 혼자 다 해내려는 특징이 있다. 시간을 가장 효율적으로 사용하려면 당신이 가장 잘하는 일, 다른 누구도 당신처럼 해낼 수 없는 일을 해야 한다. 이는 많은 경우 일부 업무를 남들에게 맡기고 집중해서 일을 마무리할 여유를 확보해야 한다는 뜻이다.

다음은 일반적으로 혹은 특정 작업과 관련하여 어떤 일을 남들에게 맡겨야 하는지에 대한 지침이다.

1. 당신의 능력 수준 이하의 과업
2. 그 일의 일부 혹은 전부가 지루한 경우
3. 컴퓨터나 다른 기술로 해결할 수 있는 일
4. 남에게 맡길 계획이었지만 훈련을 시키는 것보다 직접 하는 것이 더 빠르겠다고 판단되는 경우
5. 당신만큼 일을 잘 처리할 사람이 없다고 생각되는 경우
6. 모든 것을 직접 해야 직성이 풀리는 유형이라는 평가를 종종 듣는 경우

위 여섯 가지 중 하나 이상에 해당하는가? 그렇다면 자기 자신과 진지한 대화를 나누고 해당 작업에 전문적인 역량을 갖춰 편안한 마음으로 일을 맡길 수 있는 누군가를 찾아야 한다.

일을 맡기는 것이 그저 좋기만 하다는 비현실적 주장은 하지 않겠다.

거기에도 나름의 도전이 존재한다. 직접 해오던 작업 중 일부 또는 대부분을 다른 사람에게 넘김으로써 다수의 미완성 프로젝트를 완료할 가능성이 생기긴 하지만 동시에 여러 걱정과 우려도 생겨난다. 연구 조교들에게 연구를 맡긴 어느 유명한 역사학자가 있었다. 조교들은 참고한 도서나 문헌에서 직접 인용한 단락들을 인용부호 없이 옮기는 실수를 저질렀다. 인용부호 없는 부분은 간접인용이겠거니 생각한 교수는 그대로 책을 냈고 당연히 표절 논란이 일었다. 이후 교수는 조교들이 저지른 실수에 대해 사과했지만 이미 명성에 흠이 간 후였다.

하지만 제대로만 된다면 남에게 일을 맡김으로써 많은 시간을 절약하고 그렇게 얻어낸 귀중한 시간과 자원을 우선순위의 과업에 할당할 수 있다. 그리하여 도저히 해낼 수 없을 것 같던 일이 가능해진다. 예상보다 훨씬 적은 시간을 들여 빠른 시간 안에 프로젝트를 끝내게 될 수도 있다.

부동산 중개 일을 하는 비벌리는 내 설문조사에서 자신이 일을 끝내지 못하는 첫 번째 이유가 '특정 작업이나 프로젝트 전체를 다른 사람에게 맡기지 못하기 때문'이라고 했다. 그리고 여기 더해 "행정 직원이나 매수인 자신이 할 수 있는 일들까지 내가 대신하는 경우가 너무 많다. 모든 일이 빈틈없이 이루어져야 직성이 풀리는 내 성향 때문이다. 분명 다른 사람이 할 수 있는 일들이다. 결국 할 일이 너무 많이 쌓이면서 내 시간관리는 엉망이 되었다."라고 덧붙였다.

이는 비벌리 혼자만의 문제가 아니다. 이 상황에서 유일한 해결책은 처음부터 특정 업무나 프로젝트를 다른 사람에게 맡겨 자신이 할 일에서 덜어내는 것이다. 이를 보다 효과적으로 하기 위한 몇 단계를 살펴보자.

효과적으로 일을 맡기기 위한 7단계

1. 어떤 작업(프로젝트의 부분 또는 프로젝트 전체)을 맡길 것인지 결정하기

당신이 하기 싫은 일, 남들도 당신만큼 잘하거나 혹은 당신보다 더 잘 해낼 수 있는 일을 맡기도록 하라.

2. 일을 맡기기에 가장 적절한 사람을 선택하기

후보자를 신중하게 선택하라. 이력서만 보지 말고 전화 면접, 가능하다면 대면 면접을 하라. 지리적으로 멀리 떨어진 상황이라면 영상통화 등을 활용해 단순한 몇 마디가 아닌 대화를 통해 상대를 판단해야 한다. 이력서에 재확인해야 할 부분은 없는지 살펴라. 필요하다고 판단되면 후보자가 앞으로 지속적으로 해야 할 일을 시험 삼아 맡겨보라. 상대가 제출한 결과를 꼼꼼히 살핀 후 채용하도록 하라. 제삼자의 추천을 받아 후보자를 선택하는 것도 방법이다.

3. 일을 맡긴 사람에 대해 신뢰 키우기

특히 초기에는 작업 상황을 검토하여 당신이 요구한 수준에 맞는지 점검하라. 가능하다면 다른 사람에게도 검토를 맡겨 의견을 들어보라. 조정이 필요한 경우에는 상대가 조정 요구를 어떻게 받아들이는지, 얼마나 신속하게 답변하는지, 요청한 대로 정확하게 조정이 이루어지는지 살펴보라.

4. 지시가 명확한지 확인하기

일을 맡긴 사람의 결과물에 궁극적으로 책임을 져야 하는 사람은 바로 당신이다. 그러므로 당신은 우선 유능한 교사가 되어야 한다. 가르치는 능력이 떨어지는 상황이라면 일을 맡길 때 특히 주의해야 한다. 필요하다면 동료나 다른 전문가의 도움을 받아 훈련을 거쳐라. 그래야 맡긴 일이 지시대로 이행될 수 있다.

5. 맡기는 일의 내용을 명확하게 하고 종료 일정을 분명히 정하며 업무 완료 후 논의 과정 거치기

중요한 업무를 여러 가지 맡긴 후 정작 점검은 게을리하거나 아예 하지 않는 경우가 참으로 많다. 업무 완료 날짜와 함께 후속 작업 날짜도 분명하게 정하라. 일정이 구체적이면 구체적일수록 더 좋다. 후속 논의는 해당 업무 종료 후 이틀 안으로 잡아라. 잘된 점과 개선해야 할 점을 논의할 수 있도록 하라.

6. 마땅한 신뢰와 칭찬은 아끼지 않기

일을 맡은 사람이 훌륭하게 해냈다면 개인적으로나 프로젝트팀 차원에서 칭찬할 수 있다. 예를 들어 주간 팀 회의에서 "연구 완료 후 보고서를 받게 될 분들의 이름, 이메일 주소, 전화번호를 꼼꼼하게 확인해준 _____님에게 감사합니다. 덕분에 주소록 업데이트가 완료되었고 우리는 보고서를 더 신속하게 발송할 수 있게 되었습니다."라고 말할 수 있다. 혹은 개인적으로 불러 "훌륭하게 맡은 일을 해주어서 고맙습니다."라고 칭찬해도 좋다.

7. 작업만이 아닌 작업에 대한 책임까지 위임하기

일을 맡겼는데도 당신이 해야 할 일이 더 늘어나지 않도록 주의하라. 효과적으로 일을 맡겼다면 당신의 시간이 절약되고 당신만이 할 수 있는 중요한 마무리 작업에 열중할 수 있다.

일을 맡은 사람이 어떻게 하고 있는지 계속 확인하라. 점차 그 사람이 그 작업, 더 나아가 전체 업무에 총책임을 질 수 있는 단계까지 나아가도록 하라. 주소록 업데이트 일을 한 사람은 그 결과를 엑셀 시트에 입력하거나 회사 데이터베이스에 포함시키는 일까지 맡아야 한다. 만약 여기에서 데이터 입력 작업을 당신이 맡는 경우에는 결국 연락처 확인까지 떠맡을 위험이 있다. 일을 맡은 사람이 연락처를 하나하나 확인하고 데이터베이스를 업데이트하는 일까지, 즉 처음부터 끝까지 다 수행하도록 하라.

8. 사람뿐 아니라 기술에도 일을 맡기기

일을 맡기려면 훈련시키고 관리를 해야 한다. 다양한 기술을 활용하면 사람 손으로 하던 일을 전부 혹은 일부 대체할 수 있다. 만능 로봇은 아직 너무 비싸 구입 가능 범위를 벗어나지만 빌리거나 살 수 있는 로

봇들도 있다. 로봇 진공청소기는 청소 일을 덜어준다. 이메일로 초대장을 발송하고 참석 여부를 자동으로 집계하는 일은 과거에는 예의에 어긋난다고 여겼을지 모르나 지금은 더 세련되고 일반화된 방식이다. 이런 서비스를 이용하면 우편을 발송하고 답신을 손으로 정리하는 시간을 다른 일에 쓸 수 있게 된다.

1 지금 하고 있는 일을 목록으로 만들고 오른쪽에는 누구에게 그 일을 맡길 수 있을지 써보자.

하고 있는 일   누구에게 맡길 수 있을까?

_____   _____

_____   _____

_____   _____

_____   _____

2 일을 맡길 때 예측할 수 있는 상황들도 있다. 그 상황을 어떻게 처리할지 계획을 세워둔다면 누구에게 어떤 일을 맡길지 결정하고 진행할 때 더 편안할 것이다.

- 일을 맡을 사람이 최근에 맞춤법 오류를 내는 일이 너무 많았다. 어떻게 대처할 것인가?
- 일을 맡을 사람이 행동이 느리다는 소리를 듣는다. 정확성을 떨어뜨리지 않으면서 생산성을 높이기 위해 어떤 방안을 제안할 것인가?
- 일을 맡을 사람이 업무와 무관한 사적인 전화통화나 메시지 사용을 많이 하는 편이다. 주의를 주어야 할까? 주의를 준다면 무슨 말을 어떻게 할 것인가?
- 일을 맡을 사람의 업무 능력에 대체로 만족하지만 진행 과정을 점검하고 논의할 정규 회의 일정을 잡아야 한다고 생각한다. 그런 회의를 언제 어디서 해야 할까? 얼마나 자주 해야 할까? 상대가 비판이나 감시를 받는다고 느끼지 않고 그 회의를 긍정적으로 바라볼 수 있도록 할 방법은 무엇일까?

How to
Finish
Everything
You Start

3부

선택

자, 과업과 프로젝트를 곧 완료할 수 있다는 희망을 당신의 업무나 개인적 목표에 적용해 더 많이 끝낼 수 있도록 하라. 미완 상태로 남은 일을 그냥 포기하여 불편한 마음을 갖지 말고 미완 상태를 동기부여 요소로 만들어 보라.

10장

끝내지 못해도 괜찮은 것들

그 실패에는 이유가 충분하다

지금까지 이 책의 주제는 당신이 시작한 모든 일을 끝내도록 돕는 것이었다. 집수리든, 대학 졸업이든, 블로그 작성이든 그 어떤 미완의 과업이든 다 포함해서 말이다. 이 장에서는 우선적으로 마무리해야 할 것이 무엇인지에 대해 보다 철학적인 이야기를 해보려 한다. 상황을 판단하여 미완으로 남겨두는 것이 최선이라는 결정을 내리고 의식적으로 특정 과업을 제처두는 것은 실패에 대한 두려움, 성공에 대한 두려움, 불안감, 미루기, 자기 능력에 대한 과소평가 등 나쁜 습관으로 인해 끝내지 못하는 것과 다르다. 자, 그럼 언제 그런 선택이 가능한 것일까?

6장에서 이 개념을 어느 정도 다루긴 했지만 끝내기라는 문제에 있어 워낙 중요한 사항인 만큼 다시 한번 언급해보자. 끝내기는 실상 "내가 애초에 이 일을 시작해야만 했을까?"라는 넓은 질문의 일부다.

'No'라는 답이 나왔다면 그게 어떤 종류의 일이든 미완으로 남겨도 좋다. 지금 다시 생각해보면 애초에 시작하지 말았어야 할 과업, 프로젝트, 더 나아가 인간관계가 있게 마련이다. 이런 판단이 내려진 경우 끝내지 않고 미완으로 남기겠다는 결정은 실패나 패배가 아닌 훌륭한 선택이다.

우리는 계속 변화하는 존재다. 우리의 가치관은 시간이 흘러도 대체로 일관성을 유지하지만 우리의 에너지와 재능이 다른 방향에 더 잘 들어맞는다는 점을 알려주는 깨달음이 찾아오기도 한다. 나 자신이 한 사례가 될 수 있다. 나는 대학에서 미술을 전공했고 28세 때는 뉴욕에서 개인전을 열기도 했다. 하지만 이후 순수예술이 아닌 출판과 글쓰기,

범죄정의론, 그리고 사회학자의 길을 선택했다.

나는 내 책의 표지나 삽화를 직접 작업해 사용했다. 그러면서 직업 예술가의 삶을 살아야 했던 것은 아니었을까 하는 마음이 있었다. 전업 예술가가 얼마나 길고 힘든 길을 걸어야 하는지 알았기 때문에 다른 선택을 했고 덕분에 남편과 두 아들을 위한 시간도 확보할 수 있었는데 말이다.

1년 전 나는 스탬퍼드 예술가협회에 가입했고 협회 회원들에게 제공되는 개인전 기회 두 개 중 하나를 따냈다. 수십 년 만의 전시를 앞둔 나는 잔뜩 들떠서 준비했고 지역 신문에 보도되기도 했다.

전시회는 성황이었고 작품 절반이 판매되는 성과도 거두었다. 하지만 역설적이게도 그 두 번째 전시회 덕분에 나는 전업 작가가 아닌 다른 길을 택한 것이 옳은 결정이었음을 확인했다. 그 전시는 내가 예술의 길을 중도에 포기했다는 느낌을 줄여주었다. 온라인 갤러리에 대해 알게 된 후 내 작품을 거기서 전시하고 판매할 수 있었으므로 내 선택에 대한 죄책감도 훨씬 줄어들었다.

당신은 어떤가? 끝내고 싶은 프로젝트들에 대해 곰곰이 생각해보라. 정말로 하고 싶은, 혹은 해야만 하는 일인가? 충분히 논리적이고 타당한 이유가 있다면 일시적이든 영구적이든 미완 상태로 내버려두어야 하는 것은 아닌가?

해당 과업이나 상황의 장단점을 바탕으로 하여 계속 진행할 것인지 아니면 제쳐두어야 하는지 적극적인 의사결정을 해야 한다. 불안, 좌절감, 패배감에 좌우되지 않고 말이다.

시작한 일을 반드시 끝내는 습관

당신이 풀브라이트 장학금을 받아 내년 여름에 2주 동안 덴마크에서 학생들을 가르치고 싶다고 해보자. 그 와중에 또 다른 좋은 기회가 생겨 둘 중 하나를 포기해야 하는 상황이 되었다. 하지만 이는 지원서를 마무리하지 못해 기한 내에 제출하지 않은 탓에 덴마크에 가지 못하는 것과는 전혀 다른 이야기다.

인생 경로를 적극적으로 바꾼 또 다른 사례로 미국의 정치 칼럼니스트 찰스 크라우트해머 Charles Krauthammer 도 떠오른다. 그는 다이빙 사고로 목 아래 전신이 마비되는 상황 속에서도 포기하지 않고 하버드 의대를 졸업했다. 하지만 결국 그가 선택한 것은 글쓰기와 방송이었다. 정신과 의사 대신 뉴스 방송의 정치 비평가가 된 것이다. 하지만 암 투병 끝에 2018년 6월, 67세로 사망하기 전까지 남긴 수많은 인터뷰에서 그는 한 번도 후회한 적 없다고 밝혔다.

기업 다섯 개를 설립하고 CEO로 재직하고 있는 애덤 허겐로더 Adam Hergenrother 는 책 집필을 포기한 것이 정말로 좋은 일이었다면서 중도 포기 결정의 이점을 역설한다. "실패에 대한 두려움 때문에 겁먹고 포기하라는 말이 아닙니다. 성공하려면 이 두려움은 극복해야만 하죠. 다만 시작한 길이 더 이상 원하는 방향이 아니라는 점을 깨닫는 건 아무 문제 없다는 말을 하고 싶어요. 경로 조정은 인생에서 늘 있는 일이니까요."

저서를 62권이나 낸 말린 캐로셀리 Marlene Caroselli 도 비슷한 의견이다. "시작한 모든 일을 마치겠다고 작정하는 건 강박일 수 있습니다. 애초 생각과 달리 투자 대비 수익이 없는 프로젝트는 버리는 것이 낫죠. 고

대 그리스인들이 말했듯 절제와 중용이 중요합니다."

6장에 소개했던 파레토의 80 대 20 규칙을 기억하는가? 이 개념이 시간이 갈수록 널리 적용되어 결국 20퍼센트의 노력으로 80퍼센트의 결과를 얻을 수 있다는 의미까지 나왔다. 이를 끝내기와 관련지으면 80퍼센트의 성과가 무엇이 되어야 할지 결정하고 20퍼센트의 노력을 거기에 선택적으로 투입해야 한다는 뜻이 된다.

이 책 시작 부분에서 언급했듯이, 내 목표는 당신이 끝내기를 방해하는 믿음, 행동 및 나쁜 습관 22가지에서 벗어나 끝내야 할 일을 적극적, 의식적으로 끝내도록 돕는 데 있다. 동시에 너무 많은 일을 해야 하는 상황, 실패에 대한 두려움, 완벽주의, 미루기, 마감 시한의 부재나 비현실성, 온갖 방해 요소들에 가로막히지 않고 말이다.

완성을 부르는 미완성에 대한 생각

헤밍웨이 효과Hemingway Effect 라는 것을 증명하는 흥미로운 연구가 일본에서 이루어진 적 있다. 오야마 요시노리Oyama Yoshinori 외 2인의 공동 연구는 〈헤밍웨이 효과: 과업 완료 실패가 어떻게 동기부여에 긍정적인 영향을 미치는가The Hemingway effect: How failing to finish a task can have a positive effect on motivation 〉라는 제목으로 발표되었다. 핵심 결론은 '미완료 과업이 완료 지점과 근접해 있을수록 끝내려는 동기가 부여된다.'라는 것이었다.

어째서 이 현상에 헤밍웨이 효과라는 이름이 붙었을까? 인터뷰 도중 "하루에 글을 얼마만큼 쓰십니까?"라는 질문에 작가 어니스트 헤밍웨이 Ernest Hemingway 가 "잘 써지고 있고 다음에 어떤 일이 일어날지 아는 순간 멈추는 것이 가장 좋습니다. 이렇게 매일 소설을 써나간다면 막히는 일이 없습니다."라고 대답했던 것에 기인했다.

헤밍웨이 효과를 시험해보기 위해 연구자들은 일본의 대학교 신입생 260명을 두 그룹으로 나누어 신문 기사 베껴 쓰기를 하게 한 후 2분 40초가 흐른 다음 중단시켰다. 대부분이 베껴 쓰기를 완료하지 못할 만한 시간이었다. 이어 학생들에게 아직 쓰지 못한 글자 수를 세어보도록 했다.

결과가 어땠을까? 연구자들에 따르면 '쓰지 못한 글자 수가 적을수록 베껴 쓰기 작업을 완료하고 싶다는 동기부여 수준이 높았다.'라고 한다.

이 결과는 끝내기라는 도전에 어떻게 적용될까? 연구자들의 생각이 옳다면 애초에 포기해버리는 것보다 완료 지점에 거의 다 가서 중단하는 편이 다시금 그 일을 붙잡게 하고 결국 끝내게 할 가능성이 크다는 의미다.

헤밍웨이 효과를 검증하기 위한 두 번째 연구에서는 대학생 131명에게 짧은 글쓰기를 하게 했다. 두 그룹으로 나누어 한 그룹은 구조화된 형태의 글쓰기 과제를, 다른 그룹은 비구조화된 과제를 수행하도록 했다. 이번에도 중도에 방해를 받은 학생들은 과제를 완료하지 못했다. 그런데 구조화된 과제를 받았던 학생들에게서만 헤밍웨이 효과가 나타났다. 흥미로운 결과였다. 이는 미완의 작업에서 남은 부분이 구체적일수록 다시 그 작업으로 돌아가 끝낼 가능성이 커진다는 뜻이 된다.

반면 미완의 과업이 구조화되지 못하고 모호하게 남아 있다면 완성하려는 마음이 생기지 않는다. 이 현상은 마리아 오브시안키나_{Maria Ovsiankina}의 1928년 연구, 블루마 자이가르닉_{Bluma Zeigarnik}의 1927년 연구 등에서도 나타났다. 방해를 받아 과업을 완료하지 못한 피험자들은 미완의 작업을 더 잘 기억했고(자이가르닉) 물질적 보상이 전혀 없어도 과제를 완료하고 싶어 했으며(오브시안키나) 미완의 과업 혹은 비슷한 다른 과업이라도 다시 맡아 끝내려 했다(오야마 외).

이들 연구는 미완의 과업, 특히 종료 지점이 가까운 미완의 과업은 부정적이기만 하지 않음을 알려준다. '완료가 얼마 남지 않았다는' 생각은 끝내려는 의지를 강하게 만드는 것이다.

자, 과업과 프로젝트를 곧 완료할 수 있다는 희망을 당신의 업무나 개인적 목표에 적용해 더 많이 끝낼 수 있도록 하라. 미완 상태로 남은 일을 그냥 포기하여 불편한 마음을 갖지 말고 미완 상태를 동기부여 요소로 만들어보라.

1 이 장에서 소개한 헤밍웨이 효과를 확대하기 위해 '거의 완료된' 과업들의 목록을 작성해보자. 다음번에 무엇을 끝내야 할지 결정할 때 아직 할 일이 잔뜩 남은 프로젝트보다는 이 목록에 있는 무언가를 선택하고 싶어지도록 말이다. (물론 이건 다른 모든 조건이 동일하다는 가정하에 가능한 얘기다. 실제 상황에서는 상사의 지시, 일정 문제 등으로 다음에 할 일이 달라지기 쉽다.)

'거의 완료된' 과업들

1. _____
2. _____
3. _____
4. _____
5. _____

2 이 책 2장에서 당신이 작성했던 아주 긴 할 일 목록으로 되돌아가보자. 목록에 있는 일들을 가장 사소한 것부터 가장 중요한 것까지 분류하라. 지금까지 이 책을 읽으면서 알게 된 자신의 특성을 바탕으로 볼 때 꼭 끝내야 할 일은 무엇이고 그만두어도 좋을 일은 무엇인가? 그러나 그만둘 때는 그 일의 완료를 일시적 또는 영구적으로 지연시키는 것이 자신의 이익에 부합한다는 의식적 결정을 반드시 거쳐야 한다. 실패나 성공에 대한 두려움, 미루기나 완벽주의라는 나쁜 습관 때문에 무의식적으로 마무리를 회피하는 상황을 방치해서는 안 된다.

목록을 다시 검토하면서 꼭 끝내야 하는 일을 골라내보자. 필요하다면 빠뜨린 다른 일을 추가해도 좋다.

11장

시작한 모든 일을 끝내게
해줄 의외의 조언

끝내기가 가져다주는 기쁨

이 장의 제목을 쓰는 것만으로도 기분이 좋아진다. 완료 시점이 가까웠다는 의미이기 때문이다. 시원섭섭한 기분이다. 개요와 본문 샘플을 바탕으로 편집장이 진행 결정을 해준 후 모든 방해 요소들을 제쳐두고 조사와 집필 작업에 전념하기가 참으로 힘들었지만 동시에 나는 그 과정을 즐기고 있었다. 대학에서 새 학기가 시작될 때 학생과 교수 모두는 강좌의 종료 시점을 염두에 두고 그날을 향해 달려간다. 마침내 마지막 날이 오면 양가적인 감정이 된다. 대학에서 4~5년을 보내고 졸업하여 인생의 다음 단계로 넘어갈 때도 학생들은 양가적인 감정을 갖는다.

끝내는 시점에 느끼게 되는 복합적인 감정을 안다면 더 많은 것을 끝내는 데 도움이 된다. 끝내지 않고서는 그 혼란스러운 감정을 겪을 수 없는 것이다. 끝내기에 실패하면 이도 저도 아닌 중간 상태에 놓이고 만다. 이는 마무리가 가져다주는 아련한 마음보다 훨씬 나쁘다.

일이 끝날 때 느끼게 되는 그 아련한 양가적 감정의 해결책은 무엇일까? 시간을 갖고 끝난 상황을 축하하고 나면 다음 과업이나 프로젝트를 시작할 수 있다. 새로운 도전과 활동, 끝내고 싶은 미완의 일들을 향해 나아갈 수 있게 되는 것이다.

이 책을 여기까지 읽고 매 장의 연습 문제를 풀어준 당신에게 감사한다. 자기계발서가 다 그렇듯 당신이 더 많은 노력을 들일수록 긍정적인 행동 변화의 가능성이 커진다.

때로는 함구해야 한다

더 많은 일을 끝냄으로써 삶이 어떻게 달리 보일지 설명하기 전에 비밀을 하나 알려주겠다. 목표를 쓰는 것, 할 일 목록을 만드는 것은 구체적 목표 추구를 용이하게 만들어준다. 그런데 미완의 과업에 대해 남들에게 알리는 것은 때로 부작용을 낳는다. 오랫동안 미뤄온 일을 다시 붙잡을 때 가장 가까운 이들이 격려하기보다는 지겹다는 표정으로 "또 그 소리야."라고 말하는 것에 놀랄 수도 있다.

그러니 미완의 과업에 대해 알릴 때는 주의하라. 목표를 기록해 스스로 기억하는 편이 더 유익할 수 있다. 상황을 털어놓을 만큼 믿음직한 친구, 가족, 동료가 있다면 멋진 일이다. 하지만 때로는 괜히 의기소침해지지 않도록 비밀을 유지해야 할지 모른다. 실제로 과업이 완료되었다면 얼마든지 소식을 알려도 좋다. 그리고 기쁨을 마음껏 표현하라.

앞에서 작업이 마무리에 가까울수록 끝내려는 의지가 강해진다는 헤밍웨이 효과를 소개했다. 목표를 비밀에 부치는 것이 좋다는 이야기는 호손 효과Hawthorne Effect를 생각하게 한다. 호손 효과는 공장의 생산성에 대한 초기 연구에서 등장했는데 끝내야 할 목표나 과업을 비밀로 하라는 것과 정반대 의미다. 노동자들의 생산성 정도가 그 작업이 부각되는 정도에 따라 달라지는 현상을 뜻하기 때문이다. 이 연구는 1924~1932년, 시카고 외곽의 웨스턴 일렉트릭 공장인 호손 워크스Hawthorne Works에서 진행되었다. 처음에는 생산성이 높아지는 원인이 빛의 밝기라 생각되었지만 밝기가 아닌 연구자의 관찰 행동이 진짜 원인이라는 결론이 내려졌다.

이는 과업 끝내기와 어떻게 관련될까? 일을 마무리하려고 노력한다는 점을 누군가에게 말하고 그 사람이 응원해준다면 당신의 생산성이 한층 높아질 수 있다. 하지만 누구한테 털어놓을 것인지는 신중하게 선택해야 한다. 왜 그렇게 오래 걸리느냐고 책망한다거나 제대로 되겠느냐고 의문을 제기하는 상대라면 기대했던 호손 효과, 즉 생산성 향상이 나타나지 못할 것이다.

사소한 일이 중요한 일을 좌우한다

이 책의 대부분 내용은 큰 규모의 과업, 당신의 경력을 새로이 만들거나 망가뜨릴 수 있는 중요한 활동에 초점을 맞추고 있다. 하지만 우리 대부분이 끝내야 하는 일들은 서류 작성, 파일 정리, 이메일 답장이나 전화통화 등 일상적이고 '사소한' 일들이다. 때로는 서류 작업 같은 사소한 일을 어떻게 처리하는지가 큰 과업을 얼마나 신속하고 쉽게 마무리 짓는지 결정하기도 한다. 이는 엄청난 베스트셀러인 《사소한 것에 목숨 걸지 마라》 시리즈와 다소 배치되는 이야기지만 때로는 사소한 일이 크고 중요한 일을 좌우한다. 큰일은 작은 일들로 쪼개지는 법이니 말이다.

컴퓨터가 타자기를 대신하게 된 이후 종이 없는 사무실은 나를 포함해 많은 이들의 오랜 목표였다. 드롭박스나 마이크로소프트 윈드라이브 같은 클라우드 저장 서비스가 등장하면서 전자 문서 백업은 그 어느 때보다 쉬워졌다. 종이에 인쇄해 파일로 정리하는 일은 필수가 아닌 선택이 되었다.

하지만 나는 컴퓨터 하드 드라이브나 외장 하드 디스크 혹은 클라우드에서 필요한 파일을 찾지 못하는 일이 발생할까 봐 늘 인쇄해 파일로 정리하는 편이다.

당신이 자기 서류를 어떻게 정리할 것인지는 스스로 결정할 일이다. 전자 파일 상태로 보관한다 해도 파일 정리는 꼭 필요하다. 작업 중인 프로젝트 관련 서류 파일 정리를 하지 않거나 컴퓨터 하드 드라이브 작동 이상을 대비해 중요한 전자 파일을 따로 저장하지 않는다면 당황스러운 사태가 닥칠 수 있다. 그렇게 무언가 잃어버리거나 찾지 못하면 작업이 몇 시간, 며칠, 몇 주, 심지어는 몇 년 후퇴해버리게 된다.

서류 정리 체계를 만들고 종이나 전자 파일 관리 방식을 결정하는 것은 꼭 필요하다. 방법은 다양하다. 온라인 유료 프로그램을 이용해 파일을 정리하는 것도 좋은 방법이다.

전자 파일 이름 붙이는 규칙을 세워 언제든 쉽게 찾을 수 있도록 하라. 백업하고 또 백업하고 다시 백업하라. 파일이 엉뚱한 곳에 숨어 있거나 사라지는 상황은 수없이 자주 일어난다.

나는 중요한 파일을 내 이메일로 보내둔다. 그러면 필요할 때 추적해 찾을 가능성이 하나 더 생긴다.

이메일, 문자, 전화 문제를 대하는 법

끝내지 못하는 일의 한 부분을 차지하는 것이 답 전화 걸기, 문자 답신하기, 이메일 답장하기다. 의사소통은 양측이 함께 참여하는 춤과도 같다. 문자나 전화, 이메일에 답하는 것이 그 춤의 일부이다. 때로는 답을 하지 않아도 괜찮은 상황이 있지만(이쪽의 답변을 기대하지 않거나 굳이 필요하지 않은 경우가 그렇다.) 대부분의 경우에는 반응을 해줘야 한다.

답 전화 걸기, 문자 답신하기, 이메일 답장하기를 통해 양방향 의사소통이 긍정적으로 종료된다. 매체 전환 조합도 가능하다. 전화에 답해 이메일을 보낼 수도, 문자 답변으로 전화를 걸 수도 있다. 상대의 의사소통 시도에 어떤 식으로든 반응을 보이지 않는다면 상호작용이 미완으로 남는다.

지금까지 이 책에서 우리는 책 집필이나 회사 연례 워크숍 기획 같은 큰 프로젝트를 다뤘으므로 전화, 문자, 이메일 응답은 너무 사소한 문제로 여겨질 수 있다. 하지만 미완으로 남은 의사소통이 오해와 배신감, 인간관계나 비즈니스 협력의 종료로 이어지는 일은 너무도 자주 벌어진다.

회의나 비즈니스 미팅으로 만난 사람들이 다시 연락하자고 약속하는 경우는 또 다른 의사소통 과업이다. 한쪽, 혹은 양쪽 모두 연락하지 않을 수 있다. 연락 약속이 미완 상태로 남는 것이다. 열정적 대화 속에서 그토록 많은 것을 약속했던 만남은 거짓이나 빈말이 되어버린다. 첫 만남에서 결정된 바가 이행되지 않는다면 모든 것은 그저 시간 낭비다. 두 번째 만남이 성사되지 못할 뿐 아니라 당신은 '행동보다 말만 앞서는' 사람, 후속 조치를 못 하는 사람이라고 평가받을 수도 있다.

수년 전, 나는 해외 저작권 담당자들의 워크숍에 참석한 적이 있다.

나 자신이 해외 저작권 관련 워크숍을 주최하기도 하지만 가끔은 남들이 어떻게 행사를 운영하고 어떤 정보를 주는지 알아보는 것도 재미있으니 말이다. 저작권 에이전트와 출판업자들이 모인 자리에서 한 참석자는 도서전에 가서 여러 사람을 만나고 온 뒤 후속 조치를 하는 일이 너무도 힘들다는 말을 했다. 수많은 요청 사항을 해결하고 연락하려면 시간이 한정 없이 걸릴 것 같아 그저 미루게 된다는 것이다. 도저히 엄두가 나지 않는다고도 했다.

이런 상황에서 쉬운 해결책은 없다. 회사 내 다른 직원이 도서전 후속 업무를 맡도록 하는 것이 한 방법이겠지만 회사 정책으로는 그 사람 본인이 다 해결해야 하는 듯했다.

그럼 어떻게 해야 할까? 투덜투덜 불평하면서도 결국 시간과 노력을 투자해 하나씩 차례대로 요청을 처리해나가는 것이 과업을 완수하는 방법이다. 인턴 직원의 도움을 받을 수도 있다. 물론 그러려면 직원을 훈련하는 데, 또한 인턴의 업무를 감독하고 관리하는 데 시간과 노력이 들어간다.

도서전 미팅 후속 업무 처리를 손쉽게 하는 소프트웨어나 다른 기술적 도구를 활용할 수도 있다. 손으로 직접 다 처리하든, 기술적 도움을 받아 효율성을 보다 높이든 핵심은 업무를 해결하는 데 있다. 쌓아놓고 방치했다가는 응분의 대가를 치르게 될 것이기 때문이다.

상황이 변화하면서 업무가 미완 상태가 되어버리는 경우도 있다. 벌써 한 달 전에 끝났어야 할 일이 좀체 해결되지 않아 인도의 어느 회사에 연락을 해보았더니 담당자가 퇴사했다는 자동응답이 흘러나온 일이 있었다. 다행히 해당 업무를 인계받은 다른 직원의 이름과 이메일 주소를 확보하긴 했지만 퇴사하는 직원이 먼저 상황을 알리고 조치를 취해주었다면 훨씬 좋았을 것이다. 그럼 내가 괜히 5주나 기다리면서 초조할 일이 없었을 테니 말이다.

과업의 완성이 삶을 완성시킨다

끝내기가 가져다주는 심리적 효과에 대해 생각해 보자. 남녀 205명을 대상으로 한 내 설문조사에서 '시작한 모든 과업을 차례로 완료했을 때 당신의 삶은 어떨까요?'라는 질문에 나온 답을 일부 소개하면 다음과 같다.

- "모든 것이 다 만족스러울 것이다."
- "스트레스가 확 줄어든다."
- "멋지다."
- "삶이 훨씬 더 나아진다."
- "더 단순하고 쉬워진다."
- "혼란이 줄고 체계가 잡힌다."

부정적인 의견을 내놓은 사람은 205명 중 다섯 명에 불과했다. 그 답은 이러했다.

- "지루하다." (4명)
- "예측 가능해진다." (1명)

이 다섯 명이 미완으로 남겨둔 일이 그 일의 결과를 기다리는 다른 사람들에게 어떤 영향을 미쳤는지는 알 수 없다. 하지만 끝내기를 긍정이 아닌 부정적인 것으로 바라보는 태도를 계속 유지한다면 나는 나머지 200명을 돕는 데 집중할 수밖에 없다. 시작한 모든 일을 끝내면 스트레스를 덜 받고 멋지고 만족스러운 삶이 가능하다고 믿는 이들 말이다.

당신도 한번 생각해보라. 시작한 모든 일을 마치면 어떤 기분이 들 것 같은가? 그 표현을 적어라. 미루기가 바로 그 기분을 가로막고 있다는 것을 깨달을 기회가 될 것이다.

편안한 마음으로 눈을 감고 상상해보라. 해야 할 모든 일을 기한 내에 해결한 상황, 신제품 출시 안내 이메일 발송이며 스마트폰 업데이트며 에너지를 빼앗는 모든 미완의 과업들로부터 해방된 그 상황을 말이다.

묵묵히 작업을 진행해 문제없이 끝내는 사람도 있긴 하다. 여러 기업의 비즈니스 관련 글을 써주는 전문가가 그러했다. 비결을 물으니 "그런 건 없어요. 끝날 때까지 의자에서 일어나지 않는 거죠."라는 답이 나왔다.

당신도 이렇게 하고 싶지만 계속 주의가 흐트러진 탓에 시작했다가 중단하면서 미완의 과업과 프로젝트가 쌓여가는 상황인가? 그렇다면 어떻게 해야 할까? 어떻게 상황을 반전시킬 수 있을까? 어쩌면 전문적인 도움이 필요한 상태인지도 모른다.

지루함을 참을 수 없는 사람들의 경우

사회학자이자 정신과 상담 교육을 받기는 했지만 나는 의사가 아니다. 따라서 이 책에서 다뤄지는 ADHD는 과업이 완료되지 못하는 이유를 찾고 더 잘 끝내기 위한 방법을 제시하는 과정에서 일반적인 정보를 제공하는 수준에 그친다.

당신이나 10대 자녀가 도무지 일을 끝내지 못하는 성향이라면 ADHD, 즉 주의력 결핍 및 과잉 행동 장애 때문인지도 모른다.

정확한 진단은 의사와 관련 전문가만이 내릴 수 있다. 하지만 일을 마무리하지 못하는 상황이 반복적으로 나타난다면 정신적 문제 때문일 가능성이 있고 약물치료가 권장될 수 있다.

미국 국립정신건강연구소NIMH가 밝히는 ADHD의 핵심 증상 세 가지는 주의력 결핍, 과잉 행동, 충동이다. 이 중에서 과업을 끝내지 못하는 경향은 주의력 결핍과 가장 크게 관련된다. NIMH에 따르면 주의력 결핍은 '업무를 회피하고 끈기가 없으며 계속 집중하기 어렵고 산만한 증세로서 반항심이나 이해 부족에서 기인한 것이 아니다.'라고 한다.

의사나 정신건강 전문가를 찾을 때는 우선 가족이나 친구의 도움을 받아라. 제대로 검사해줄 수 있는 사람을 추천받는 것이다. 인터넷이나 책, 기사 검색으로 검사를 대신할 수는 없다. 필요하다면 한번 검사를 받은 후 다른 곳에서 한 번 더 검사를 받아도 좋다.

《산만함의 여왕The Queen of Distraction》이라는 책을 쓴 임상 사회 복지사 테리 매틀린Terry Matlen은 그 자신도 겪었던 ADHD를 주로 상담한다. ADHD가 어떻게 하던 일을 끝내지 못하게 하는지를 매틀린은 다음과 같이 설명한다.

ADHD를 지닌 성인이 업무를 마무리하지 못하는 이유는 우리 두뇌의 실행 기능 부분, A에서 B로 어떻게 가야 하는지 알려주는 부분에 문제가 발생하기 때문이다. 이는 우울증에까지 이를 수 있는 크나큰 불안을 낳는다. 삶의 모든 영역, 즉 집 청소, 식사, 직장 업무의 정시 완료에 지장이 생기기 때문이다. ADHD 성인은 자존감과 인간관계까지 파괴되는 커다란 대가를 치르게 된다. ADHD의 전형적 증상은 주의력 결핍, 과잉 행동, 충동이지만 많은 경우, 특히 여성의 경우는 주의력 결핍으로 가장 큰 고통을 겪는다. 집중하지 못하면서 쉽게 경로를 이탈하는 성향은 시작한 과업을 끝내지 못하게 한다. 엉뚱한 것에 주의를 기울이면서 과업은 완전히 잊히고 만다.

매틀린은 ADHD인 사람들이 일을 끝내지 못하는 또 다른 이유에 대해서도 언급한다.

내 경우에 미루기는 여러 원인 때문에 나타났다. 해야 할 일들에 압도되어 도무지 할 수 없는 것, 어디에서 시작하고 어떻게 끝내야 하는지 알 수 없어 실행하기 어려워지는 것, 지루함에 대한 두려움 등등. ADHD인 사람들에게 가장 싫은 게 무언지 물어보면 "지루함을 참을 수 없어요."라는 대답이 많이 나올 것이다. 이는 다양한 모습으로 나타난다. 예를 들어 우리는 극도로 참을성이 없다.

앞서 설명했듯 ADHD 진단은 의사 또는 ADHD 치료 경험을 지닌 정신건강 전문가들이 내릴 수 있다. 진단과는 별개로 나는 1장으로 되돌아가 종료에 대한 두려움 부분을 다시 읽어보기를 권한다. 거기 제시된 조언대로 끝내야 할 일 다음에 다른 일이 대기하게끔 만든다면 지루함에 대한 두려움 극복에 도움이 될 것이다.

〈하버드 비즈니스 리뷰Harvard Business Review〉에 실은 글에서 에드워드 할로웰Edward Hallowell은 '주의력 결핍 성향ADT' 개념을 소개한다. 그는 "두뇌 과부하가 야기한 ADT는 오늘날 기업과 조직에 만연해 있다. 핵심 증상은 산만함, 내면의 광란, 참을성 부족이다."라면서 그 결과로 우선순위를 설정하고 체계적으로 시간을 관리하기 어려워진다고 설명한다. ADT인 사람들은 과업과 프로젝트를 끝내지 못할 가능성도 더 클 것이다.

그럼 직장인의 ADT를 어떻게 해결해야 할까? 할로웰이 제시하는 첫 번째 방법은 긍정적인 감정을 촉진하는 것이다. 고립되기보다 사람들에 둘러싸여 일하는 편이 좋다. 그는 "4~6시간에 한 번씩 좋아하는 사람과 대면해 소통하는 인간적 교류의 순간을 갖는다면 두뇌의 필요를 충족하게 된다."고 말한다.

두 번째 방법은 '두뇌를 물리적으로 보살피는 것'이다. 충분한 수면, 운동, 균형 잡힌 식사를 하면 된다.

더 나아가 할로웰은 업무를 체계화하여 하루를 시작할 때 이메일을 확인하기보다는 중요한 작업부터 시작하라고 조언한다. 그리고 난 다음에는 속도를 늦춰 '전두엽을 보호'하라고 한다.

프로젝트 관리자와 함께 일하면 무엇이 좋을까?

여러 프로젝트에 매달리는 상황에서 도무지 체계적으로 정리가 안 되고 있다면 프로젝트 관리자의 도움을 받는 것도 방법이다. 프로젝트 관리자의 도움을 요청하는 것은 패배 신호가 아닌 긍정적 발전이다. 프로젝트 관리자와 함께 일하면 무엇이 좋을까? 관리자는 계획 수립, 예산 책정 및 관리 감독을 맡아주고 중간 마감 시한도 정해줄 것이다. 당신은 더 큰 책임감을 느끼고 작업을 진행함으로써 뒤처질 가능성이 줄어든다.

당신이 활용할 수 있는 프로젝트 관리자 인력이 회사 내에 있는지, 아니면 프로젝트 관리자를 고용하는 예산 책정이 가능한지 확인하라. 프로젝트 관리자를 쓰기로 했다면 후보자들을 검토하고 심사하는 업무가 필요해진다. 매우 복잡한 프로젝트라면 며칠, 몇 주, 몇 달, 심지어는 몇 년까지도 함께 일해야 하는 사람이다. 당신의 개성이나 성격에 잘 맞추면서 서로를 존중하고 지낼 수 있어야 한다. 후보자가 몇 명으로 압축되면 샘플 프로젝트를 맡겨서 업무 방식이 마음에 드는지 확인할 필요도 있다.

뉴욕에서 소규모 기업 두 곳을 운영하며 프로젝트 관리 전문가 자격도 갖추고 있는 리사 벤토 닐슨Lisa Vento Nielsen은 "대형 작업을 하고 있다면 프로젝트 관리자와 협업하는 것이 아주 좋은 선택입니다."라고 말한다. 모든 일을 직접 하려는 경향의 기업인들은 프로젝트 관리자에게 계획 수립을 의뢰한다든지, 할 일 목록 작성을 맡긴다든지 함으로써 큰 도움을 받게 된다는 것이다. "약간의 통찰력, 즉 우선순위 결정에 대한 약간의 도움을 받는 겁니다. 할 일이 수백 가지인 상황에서 뭘 먼저 해야 할지 알기가 어렵잖아요?"

프로젝트 관리자를 고용할 비용이 없다면 당신이 제공할 수 있는 서비스를 물물교환식으로 내놓는 방법도 있다고 닐슨은 조언한다.

끝내야 할 일이 끝나지 않는 진짜 이유

끝내야 하는 과업이 끝나지 않는 진짜 문제가 당신 밑에서 일하는 직원들 때문인 경우도 있다. CEO로서 최종 책임을 지는 사람은 결국 당신이다. 만약 당신이 걸핏하면 맡은 일을 끝내지 못하는 유형이라면 아마 기업을 운영하는 입장도 되지 않았을 것이다.

스웨덴의 어느 CEO는 하는 일이 많기는 하지만 일중독에 빠지지 않고 매우 효율적이라고 스스로를 평가한다. 다만 문제는 직원들이라고 했다. '걸핏하면 정신을 딴 데 파는 직원들에게 한번 붙잡은 일을 끝내고 넘어가도록 하기가 너무도 힘들다'는 것이다.

당신이 이런 상황이라면 어떻게 해야 할까? 직원들이 일의 우선순위를 정해 집중하도록 만드는 몇 가지 방법을 보자.

1. 일을 미루지 않고 끝마치는 방법에 관한 도서 목록을 만들어라.
   (이 책의 참고문헌을 참조해도 좋다.)
2. 목록에서 한 권을 선택해 전 직원에게 나눠줄 만큼 구입하라.
3. 함께 책을 읽고 토론하라. 외부 전문가를 초빙해 워크숍을 열어도 좋다. 가능하면 점심이나 다과를 제공하라.
4. 효율적으로 일을 끝내는 직원을 위한 포상 체계를 만들어라. 현금 보너스, 상품권, 식사권 등 뭐든 좋다.
5. 직원 한 사람씩과 만나 끝내기와 관련한 상담을 하라. 숨은 문제가 무엇인지, 어떻게 그 문제를 해결할 계획인지, 일을 더 잘 끝낼 방법이 무엇인지 논의하라.
6. 매일 업무 검토의 시간을 두어라. 조사 전문 기업인 타이니펄스TINYpulse는 매일 아침 전 직원이 선 채로 짧은 업무 회의를 한다. 전날 한 일을 보고하고 우선 해결되어야 할 일을 확인한다. 이 회의를 통해 CEO는 업무 진행 상황을 파악하고 필요한 경우 도움을 줄 수 있다. 각 팀이 당면한 문제를 공유함으로써 팀끼리 협력하고 도움을 줄 가능성도 생겨난다.

시작한 모든 일을 끝내기 위한 일곱 개의 팁

주의를 흐트러뜨리고 업무 시간과 개인 시간을 방해하는 일들이 넘쳐나는 세상이다. 쉴 새 없이 휴대전화가 울리고 기상 시간부터 지인들의 생일 알림에 이르기까지 계속 벨소리가 난다. 어떻게 이 모든 장애물을 헤치고 우선순위 프로젝트를 수행할 수 있을까? 길을 잃지 않고 할 일 목록의 크고 작은 일들을 차례로 해결할 방법은 무엇일까?

시작한 모든 일을 끝내기 위한 일곱 가지 팁이 여기 있다. 극단적이라고 느껴지는 것도 있을지 모른다. 내게는 효과적이었고 많은 이들에게도 유용했지만 전부 다 당신에게 들어맞지는 않을 것이다. 최근 자신의 생산성과 주의집중에 문제를 느꼈다면 적절한 팁이 무엇일지 찾아보라.

1. 우선순위 1번 과업이나 프로젝트에 관해서는 양보가 없도록 하라. 그 일을 끝내는 데 방해되는 것은 모두 거절하라.

2. 시간을 빼앗는 수많은 일들 앞에서 어찌할 바를 모르겠다면 우선순위 과업을 챙겨 다른 곳으로 이동하라. 사무실이나 집의 다른 공간도, 사무실이나 집을 떠난 외부 공간도 좋다. 거기서 집중해 작업하라.

3. 끝내지 못하고 미루는 일이 무엇이든 결국 끝내야 한다는 점을 계속 생각하라. 미완 상태로 남은 일에 대해서는 결국 대가를 치러야 하기 때문이다.

4. "나는 시작한 일을 끝내고 있다."라는 확인의 말을 반복하라.

5. 달성 불가능한 완벽함이 아닌 탁월함을 추구하라. 그럼 끝낼 수 있다.

6. 시작하기는 끝내기 위한 첫 단계이긴 하지만 대부분의 사람이 끝내기를 시작하기보다 힘들다고 여긴다. 즉 일을 끝내기 힘들어하는 사람은 당신 혼자만이 아니라는 점을 기억하라.

7. FINISH를 기억하며 자신을 독려하라.

이 팁들 중에서 어떤 것을 언제 적용할 것인지 판단이 필요하다. 양보 없이 우선순위 과업에 매달리라는 팁은 어린 자녀나 보살펴야 할 사람이 있다면 유연하게 적용해야 할 것이다.

긍정적인 마음을 유지하라. 끝내기로 작정한 일을 끝내는 방향으로 하나씩 일을 처리해나가면 끝낼 수 있다는 자기확신이 계속 커질 것이다.

'나는 끝낼 수 있다.'라는 점을 계속 기억하라. 이미 많은 것을 끝내지 않았나. 지금 당장, 그리고 내일 무엇을 하느냐가 당신을 평가하는 기준이 될 것이다. 위의 팁을 활용해 과업에 뛰어들어라.

일곱 번째 팁 FINISH는 5장에서 소개했던 것이다. 책 뒤쪽의 '창의적 시간 관리를 위한 7원칙' DO IT NOW(지금 당장 하라)를 함께 활용한다면 생산성 향상에 더욱 도움이 될 것이다.

1 이 책에서 당신에게 가장 도움이 되었던 아이디어는 무엇인가? 다음 빈칸에
  적어보자.

_____

2 끝내기를 어려워하는 사람이 당신 혼자만이 아니라는 점은 이제 분명할 것이
  다. 물론 당신은 상황을 좀 더 잘 관리할 능력을 갖게 되었지만 말이다. 친한
  동료나 가족이 하던 일을 끝내지 못하는 상황이라면 어떻게 하겠는가? 긍정적인
  역할 모델이 되어준다거나 좋은 사례를 제시하는 등의 도와줄 방법에는 무엇이
  있을까?

_____

_____

_____

How to
Finish
Everything
You Start

4부

연습

성공에 대한 두려움은 옳고 그름으로 판단할 수 없다. 당신 머릿속을 떠돌며 일의 마무리를 가로막는 반성공적 사고를 의식해야 한다는 점이 중요하다.

12장

나는
책 집필이라는 큰 프로젝트를
어떻게 끝냈는가

책 집필을 끝내도록 해줄 21가지 방법

출판사 편집자로 일하던 시절 나는 어느 젊은 청년이 쓴 탁월한 소설 작품을 읽게 되었다. 나는 바로 사장에게 보고했고 허락을 얻은 후 청년에게 선금을 주고 출판 계약을 체결하고자 했다. 청년은 소설 출판이 평생의 꿈이었다면서 뛸 듯이 기뻐했다.

하지만 청년은 계약 체결에 앞서 소설을 다시 쓰겠다고 했다. 나는 기다리고 기다렸지만 결국은 그가 결코 작업을 끝내지 못하리라는 점을 깨달았고 계약은 끝내 체결되지 못했다.

이는 시작하지도 못하고 사라져버린 수많은 예비 작가들의 한 예일 뿐이다. 첫 책을 마무리하기 위해 도움을 받아야 하는 작가들은 무수히 많다. 한두 권은 출판했지만 후속작 마무리를 못 하고 도움을 기다리는 작가들 또한 무수히 많다. 당신이 이 두 유형에 속한다면 이 장이 도움이 될 것이다.

첫 책 또는 후속작의 마무리 실패는 작가에게 상처를 남긴다. 작가의 가족과 친구들도 아무 도움을 주지 못한다는 생각에 괴로워한다. 출판 계약이 이미 이루어진 상황이라면 원고를 기다리는 편집자와 편집부가 있다. 계약 안 된 상황에서 쓰는 것이라 해도 원고를 완성한다는 목표가 달성되지 않는다면 감정적, 경제적, 직업적인 면에서 피해를 입게 된다.

당신이 미완성 원고를 처박아둔 미출판 작가라면, 혹은 출판 경험은 있으나 새로운 원고를 마무리하지 못하고 있다면 다음에 소개하는 21가지 방법을 통해 당신의 책을 세상에 내보낼 수 있을 것이다.

1. 큰 과업을 작은 작업들로 쪼개는 시간관리 원칙을 기억하기

이 원칙은 책을 쓰고 마무리하는 데 적용 가능하다. 책 집필은 엄청나게 큰일로 여겨진다. 실제로도 그렇다. 4~7만 단어를 써야 한다는 뜻이니 말이다. 비소설이라면 조사 연구를 거쳐 열 개 장을, 소설의 경우 평균적으로 25개 장을 구성해 작업하게 된다. 자, 그럼 당신의 책 집필을 보다 관리 가능한 부분들로 쪼개어보자. 몇 가지 방법이 있다.

하나는 하루에 얼마나 되는 분량을 쓸 것인지 정하는 것이다. 5000개의 단어일 수도, 1000개의 단어일 수도 있다. 뭘 쓰고 싶은지 분명하다면 1만 단어까지도 가능하다. 그럼 단 닷새 만에 초고가 완성된다!

단어 수를 기준으로 하는 접근이 싫다면 목차의 각 장별로 작업하는 것도 좋다. 이는 비소설의 경우에 특히 효과적이다.

소설을 쓰는 상황이라면 어떻게 접근할 것인지 결정해야 한다. 전체를 그냥 쓰기 시작할 것인가, 개요부터 잡을 것인가? 한 번에 한 장씩 쓸 것인가, 매일 일정 분량을 쓸 것인가?

핵심은 책 한 권이라는 큰 과업을 작은 조각들로 쪼개 하나씩 끝내라는 것이다.

2. 책 집필을 미루는 것인지, 필요한 준비 시간을 쓰고 있는 것인지 파악하기

시간관리를 주제로 책 여섯 권을 출판하면서 나는 수십 년 동안 '미루기'라는 현상을 연구하고 코칭해왔다. 워크숍 참석자나 독자에게 내가 늘 하는 말이 있다. 미루고 지연되는 상황이 끝나기를 꺼리기 때문인지, 아니면 정보를 수집해 더 생산적으로 일하기 위함인지 판단해

시작한 일을 반드시 끝내는 습관

야 한다는 것이다. 이 개념을 책 집필에 적용해보자. 원고를 마무리하지 않으면 평가나 비판을 피할 수 있기 때문에 미루고 있는 것인가? 아니면 조사할 시간이 더 필요하거나 수정을 거쳐 더 좋은 원고를 만들기 위해 시간을 들이는 것인가? 더 급한 다른 일을 먼저 끝내느라 늦어진 상황인가?

무엇 때문에 지연되고 있는지 파악하고 나면 극복 기법을 적용해 책 집필을 끝내기가 한층 쉬워진다.

3. 책 집필 완료에 대한 보상을 계획하기

출판 계약이 된 상태라면 원고를 넘긴 것에 대한 감사 인사와 선인세 2차분을 받을 수 있을 것이다. 하지만 출판사가 정해져 있든 아니든 스스로에게 주는 보상이 필요하다. 자신에게 뭔가 의미가 있는 물건이나 상황을 정해 집필이 끝나면 선물하라. 책 작업을 하는 동안 자제했던 뮤지컬 관람권 구입, 주말여행, 요리 강좌 등록, 노숙인을 위한 자원봉사 등 무엇이든 좋다. 책 집필에 집중했던 시간과 에너지를 다른 곳에 쓸 기회를 마련하는 것이다.

4. 책 집필의 좋은 점 목록 만들기

책 집필이 완료되면 어떤 좋은 점이 있을지 최대한 생각해 목록으로 만들고 눈에 잘 띄는 곳에 붙여두어라. 내가 학위 논문을 겨우 끝냈을 때 저명한 사회학자 선생님이 내게 바로 그런 좋은 점들을 써서 보내주셨다. 다는 기억나지 않지만 가장 좋은 점은 어째서 아직도 논문을 끝내지 못했는지 사람들에게 설명할 필요가 없게 된다는 것이었다. 책 집필도 마찬가지다. 내가 26세 때 낸 첫 번째 비소설 책은 채식주의에 대한 것이었다. 학부 3학년 때부터 조사를 시작해 채식주의 역사에 대한 연설을 분석했다. 여러 해 동안 작업이 이어지면서 인도와 독일로 현장 조사를 떠나기도 하고 강의를 하기도 했다. 마침내 책이 출간되었다고 어머니에게 말하자 "벌써 오래전에 출간된 줄 알았구나."라는 대답이 돌아왔다.

책 집필의 좋은 점은 무엇일까? 우선 당신의 전문성을 알리는 방법이 된다. 책을 바탕으로 TV, 라디오, 언론 인터뷰 등이 가능해진다. 소설을 썼다면 그 작품이 영화화될 가능성이 있다. 당신이 창조해낸 인물과 이야기가 세상 사람들에게 공유된다. 물론 책 판매로 돈을 벌기도 할 것이다.

5. 지속성을 잃어 손을 놓았다가 영원히 묻혀버리는 상황을 피하기

책 집필을 끝내려면 탄력을 받아야 한다. 책 작업을 시작해 지속하고 끝내기까지 페이스 관리가 필요하다. 한 주, 그리고 주말 한 번에 소설 두 작품의 초고를 완성했다 하더라도 수정하고 완성 원고로 만드는 데는 각각 몇 주, 심지어 몇 년까지 걸린다. 핵심은 그 기간 내내 프로젝트 작업을 지속하는 것이다. 며칠, 몇 달, 몇 년이 되든 말이다. 오래 작업을 제쳐두어 결국 영원히 묻혀버리게 하지 말라. 특히 비소설이라면 시의성이 중요하다. 자칫하면 출판되기도 전에 구닥다리로 전락할 수 있다.

6. 완벽주의라는 장애물 극복하기

범죄 피해자에 대해 4년간 연구한 내용을 종합해《희생자 Victims》라는 책을 쓸 때였다. 범죄정의론 전공으로 2년 과정을 마치고 석사 학위를 취득한 직후이기도 했다. 출판사에서는 이미 원고 검토를 마치고 출판하자고 했지만 나는 몇 부분을 수정하고 싶었다. 큰 문제가 아니긴 해도 고치고 싶은 마음이었다. 대형 출판사와 작업해본 사람이라면 다들 알겠지만 이 단계에서의 수정은 편집자들에게 반가운 일이 아니다. 비용이 추가될 뿐 아니라 수정한 부분 때문에 다른 오류가 발생할 가능성이 크기 때문이다. 이미 교정교열을 거쳐 출판 직전인 상태이니 말이다.

나는 출판계에서 일하면서 만난 첫 상사 낸시에게 조언을 구했다. 수십 년 동안 출판인 경력을 쌓은 낸시는 학술서 분야 편집자 경험도 있었다. 낸시는 그 책을 영원히 고쳐 쓸 것인지, 아니면 일단 작업이 완료되었다는 사실을 받아들이고 그 과정에서 많은 것을 배운 데 초점을 맞출 것인지 선택하라고 했다. 작가들은 책을 한 권 쓸 때마다 배우는 법이니 말이다. 그렇게 배운 것은 끝낸 책을 수정하는 데가 아니라 다음 책을 쓰는 데 적용하면 된다고 했다.

나는 낸시의 조언을 받아들여 출판사에게 그대로 인쇄하자고 연락했다. 덕분에 내 책은 적절한 시점에 출판되었고 범죄 피해자, 범죄학자, 사회학자, 사건 담당 변호사들에게 호평을 받았다.

7. 책 집필 후 발생할 수 있는 최악의 상황을 상상하고 극복하는 자기 모습을 그려보기

책 집필과 관련해 가장 두려운 일은 무엇인가? 나쁜 평을 받는 것? 고생만 실컷 하고 결국 책은 거의 팔리지 않는 것?

저자들은 누구나 이런 두려움을 느낀다. 당신의 두려움이 특히 크다면 과연 무엇이 집필 마무리를 가로막고 있는지 자신과 대화를 나눠보는 시간이 필요하다.

최악의 두려움이 파악되었다면 이를 극복하는 자기 모습을 그려보라. 나쁜 평이 문제인가? 뭐, 늘 있는 일이니 별것 아니다. 극복할 수 있다. 좋은 평이 나쁜 평보다 훨씬 많다면 더더욱 별것 아닌 일이다. 그걸 두려워해 집필을 끝내지 못할 이유는 없다.

아마존, 반즈앤노블 등에 좋은 평이 나왔음에도 판매량이 형편없을까 봐 두려운가? 역시 흔한 일이다. 하지만 일단 책 집필을 끝내고 출판까지 했다면 최소한 언젠가는 많이 팔릴 기회를 확보한 셈이다. 서랍속 원고 상태나 하드 드라이브 파일 상태로는 판매가 전혀 불가능하니 말이다. 그러니 집필을 끝내고 내보내는 일이 중요하다.

8. 비현실적인 완벽함이 아닌 탁월함을 목표로 삼기

이 말은 살짝 조심스럽게 받아들일 필요가 있다. 시간관리에 대해 강연할 때 내가 완벽주의는 시간 낭비 요소지만 최소한 내 신경외과 의사와 교정교열 담당자는 완벽주의자이기를 바란다고 말하면 청중이 폭소를 터뜨리곤 한다. 책 집필에서도 완벽주의가 필요한 부분이 있다. 물론 출판사를 거치는 경우 편집자와 교열자가 원고를 검토해 오류를 바로잡아준다. 그럼에도 저자로서 나름의 역할은 다해야 한다. 진작 끝냈어야 할 일에 비현실적 완벽주의를 고집하며 15번째로 원고를 수정하는 일은 없어야 하지만 말이다.

9. 먼저 자신을 만족시키기

책 집필의 제1원칙은 먼저 저자 자신이 만족스러워야 한다는 것이다. 스스로 설정한 일정 이상의 수준이 달성되었다면 집필을 마무리하는 마음이 훨씬 더 편안하고 편집자, 독자, 비평가의 반응에 대한 걱정도 덜어질 것이다.

원고를 마무리하고 내보내는 일이 여전히 불안한가? 다음 10~15번은 너무 오래 붙잡고 있던 책 작업을 마무리하기 위한 방법이다.

10. 각각의 책을 독립된 프로젝트로 여기고 이전 책이나 나중 책과 비교하지 않기

출판업계에서는 첫 책보다 두 번째 책을 내기가 더 어렵다는 말을 많이들 한다. 첫 책은 처음으로 저자가 된 것이므로 시장의 기대가 없다. 비교 대상인 책도 없다. 하지만 이미 한 권이 나온 후라면 첫 책과 관련된 기대가 다음 원고를 마무리하는 과정에서 동기를 부여하기도 하고 의지를 꺾어버리기도 한다.

그런 짓은 중단하라! 비교 따위는 잊어버려라! 모든 책은 당당히 홀로 서야 한다. 시리즈로 내는 책이라 해도 그렇다. 남들과의 쓸데없는 비교 때문에 새 책 집필이 늦어지거나 중단되지 않도록 하라. 각각의 책은 독립적인 프로젝트다. (이건 부모 노릇과도 비슷하다. 어느 자식이 더 좋으냐는 질문을 받은 부모는 "둘 다요."라거나 "각각 다 좋죠."라고 대답하지 않는가.)

11. 책 집필 여부나 마무리 시점에 대해 자신만큼 관심 있는 사람은 없다는 점을 알기

물론 출판 계약이 된 상태라면 편집자들도 집필 마무리에 관심을 보일 것이다. 선금을 지급한 상태일 테니 말이다. 하지만 진짜 큰 문제는 당신의 경력, 작가로서의 명성이다.

당신 입장에서 볼 때 미완 상태 원고의 마무리는 집필 경력의 또 다른 큰 걸음이 될 수 있다. 직장에서 승진하는 데 도움이 되기도 하고 학자라면 대학에서 정년 보장을 받도록 해주기도 한다.

새로 출간될 책은 '책 출판'이라는 평생의 꿈을 이루는 일일 수도, 당신만의 이야기를 가족이나 친구와 나눌 기회일 수도 있다.

원고를 마무리하는 것은 집필에 쏟던 시간과 에너지가 자유로워진다는 뜻이고 이를 활용해 새 책 작업을 시작하거나 여행을 떠나거나 가족 및 친구들과 더 많은 시간을 보내는 일이 가능해진다. 마음 편히 즐거운 독서에 빠질 수도 있다.

집필 작업을 계속 진행해 마무리하는 경험은 최고의 인생 드라이브다. 책 집필은 달리기 경주와도 같다. 나는 마라톤은 해본 적 없지만 학창시절에 단거리 경주는 해보았다. 준비 – 출발 자세 – 출발 – 달리기

- 종료 지점 도착으로 이어지는 과정 말이다.

책 집필이라는 당신의 꿈을 포기하지 말라. 당신은 할 수 있다!

12. 쓸 시간이 없다는 생각 버리기

전업 직장인이든, 하루 종일 돌봄 노동에 시달리는 사람이든 글 쓸 시간은 있다. 일단 쓸 작정만 한다면 얼마나 많은 시간이 확보되는지 아마 놀라게 될 것이다. 평일 낮이 아니더라도 글 쓸 시간을 어떻게 낼 수 있을지 몇 가지 방법을 살펴보자.

- 1시간 일찍 일어나라. (그렇다고 전체 수면 시간을 대폭 줄이지는 말라.)
- 잠자는 시간을 한두 시간 늦춰라.
- 밤에 TV를 끄고 대신 한두 시간 동안 써라.
- 주말에는 하루에 최소 1~3시간을 글쓰기에 바쳐라.
- 자녀나 부모를 돌보는 입장이라면 파트타임으로 사람을 써서 매일 1~2시간 글 쓸 여유를 확보하라.
- 출퇴근을 한다면 지하철이나 버스에서 써라.
- 자동차로 출퇴근한다면 스마트폰 녹음 기능을 활용해 구두로 글을 써라. 녹음된 내용은 직접 글로 옮겨 써도 좋고 전사 서비스를 이용해도 좋다.
- 집필을 완료하도록 도와줄 편집자, 대필 작가, 글쓰기 코치를 고용하라.
- "나는 글 쓸 시간을 낼 수 있다."라는 문장을 반복해 말하라.

13. 지연을 허용하기

때로는 집필 작업을 제쳐두고 몇 시간, 며칠, 몇 개월, 그리고 몇 년 후에 다시 붙잡아야 하는 경우도 있다. 물론 그저 마무리하기 싫어 미루는 것이 아니라 더 좋은 책을 쓰기 위한 지연이어야 한다. 글쓰기가 지루한 일이 아니라 콧노래가 나오는 신나는 일이 되려면 열정이 필요하다. 비소설 원고라 해도 마찬가지다. 그런데 열정은 쥐어짜낼 수가 없다. 그러니 필요하다면 몇 시간을 휴식하면서 개를 산책시키고 친구와 수다를 떨고 연인을 만나면서 배터리를 재충전하라. 다만 그다음에는 반드시 작업으로 되돌아와 원고를 마무리해야 한다!

14. 지연을 허용하지 않기

반대로 미루지 않고 밀어붙인다는 어려운 결정을 내려야 할 때도 있다. 마무리가 가까운 상황에서 멈췄다가는 자칫 전체 작업을 망쳐버릴 수 있는 것이다.

《몇 명쯤 안 보고 살아도 괜찮습니다》를 쓸 때 내게 바로 그런 상황이 벌어졌다. 시카고에서 열리는 도서 엑스포에 참가하기 위해 일찌감치 항공권 구입과 호텔 예약을 끝낸 상태였다. 그때쯤이면 집필 작업이 끝나리라 생각해 스스로에게 주는 상으로 마련한 기회였다. 그런데 안타깝게도 작업이 끝나지 않았다. 당시 글쓰기에 물이 오른 상태였고 몇 년의 작업이 바야흐로 끝을 향해 달려가는 중이었다.

결국 나는 여행을 취소한다는 어려운 결정을 했다. 항공권은 환불이 안 되는 것이어서 금전적 손해가 막심했다. 하지만 집필 작업부터 끝내야 한다는 건 분명했고 결국 그 주말에 마무리를 짓고 출판사에 보냈다. 이 책은 큰 호평을 받아 TV에 여러 차례 소개되었고 7쇄를 찍었으며 29개 언어로 번역되었다.

자, 지연을 허용할 것인지 말 것인지 결정하는 재판관은 결국 당신 자신일 수밖에 없다. 책 집필이 얼마나 큰일인지 알고 있는 친구나 가족은 글 쓰는 동안 당신이 조금 소홀하더라도 충분히 이해해줄 것이다.

15. 기한이 정해져 있지 않다면 스스로 기한 설정하기

마감 시한은 두려움의 대상이기보다는 유용한 도구다. 목표를 세우고 집중하도록 도와준다. 현실적이고 실현 가능한 마감 시한을 설정하라. 너무 넉넉하게 잡으면 미루게 된다. 너무 가깝게 잡으면 스트레스를 유발하고 필요한 준비 시간을 충분히 쓰지 못한 채 허겁지겁 일을 마치게 될 수 있다. 책 집필과 같은 장기 프로젝트, 특히나 첫 책 집필의 경우에는 현실적인 마감 시한을 잡기 위해 몇 번의 시행착오가 거듭되기도 한다.

몇 차례의 중간 마감 시한이 도움이 되기도 한다. 전체 작업이 끝나야 하는 하나의 시한(큰 출판사와 계약을 했다면 몇 월 며칠까지 전체 원고가 넘어가야 한다고 합의하기 마련이다.) 대신 장별 마감 시한을 정하는 것이다. 이는 시간관리의 핵심 원칙에도 들어맞는다. 복잡한 과업을 작은 단위들로 쪼개라는 원칙 말이다. 20개 장으로 이루어진 책이라면 최소한 20개의 마감 시한이 결정되어야 한다. 각 장의 집필이 끝나는 시간 계획 말이다.

16. 실패에 대한 두려움 때문에 끝내지 못하는 것인지 확인하기

1장의 실패에 대한 두려움 부분을 다시 읽어보라. 원고를 마무리 짓지 못하는 원인이 혹시 그것인가? 실패에 대한 두려움은 거의 모든 사람이 느끼는 것이지만 특히 작가에게 크게 나타난다. 인터넷 서점에 익명의 독자들이 공개적으로 악평을 붙이게 된 이후부터는 더더욱 그렇다. 이 두려움은 반드시 용감하게 극복해야 한다.

수잔 제퍼스Susan Jeffers 박사가 쓴 고전적인 자기계발서에는 다음과 같은 멋진 제목이 붙어 있다.《도전하라 한 번도 실패하지 않은 것처럼》이다. 원고를 마무리 짓고 출판할 때 바로 이런 자세가 필요하다. 물론 기대만큼 큰 찬사를 받는 위대한 책은 못 될 수도 있다. 하지만 누가 아는가. 말콤 글래드웰Malcolm Gladwell 의《티핑 포인트》같은 베스트셀러가 되거나 앤디 위어Andy Weir 의《마션》처럼 영화로까지 인기를 끌지도 모를 일이다.

당신이 쓰고 있는 원고가 어떻게 될지는 아무도 모른다. 호평을 받을 수도, 아무 주목도 못 받고 사라질 수도 있다. 집필을 끝내고 출판을 해봐야 결과를 알게 된다. 용기를 내라. 글 뒤에 숨지 말고 당당히 세상과 당신의 글을 공유하라. 그러면 기분이 훨씬 나아질 것이다. 최선을 다했다고 느낀다면, 집필 과정이 완료되어 다음 단계로 가야 한다는 생각이 든다면 당신의 책이 최고라 확신해도 좋다. 그리고 실패의 두려움을 무릅쓰고 세상으로 내보내라.

17. 성공에 대한 두려움에 발목 잡히지 말기

1장에서 설명했듯 실패에 대한 두려움과 짝을 이루는 것이 성공에 대한 두려움이다. 이상하게 들릴지 모르지만 작가들은 성공을 두려워하기도 한다. '이 책이 성공하면 다음 책에서 그 이상으로 할 수 있을까?'라는 생각, 혹은 '이 책이 뜨면 온 사방으로 불려 다니느라 바빠서 가족이나 내 삶에 충실하지 못하게 되지 않을까?'라는 걱정 때문에 그렇다.

1장에서 성공이라는 것이 전반적으로 당신에게 어떤 의미인지 생각해보았다면 이제는 미완성 원고와 관련해 성공이 무엇인지 생각해볼 시간이다. 당신이 쓰고 있는 것이 회고록이든, 범죄 분석서든 좋다. 회고록에 등장하는 인물, 범죄 분석서가 다루는 범죄 희생자들이 자신을 이용했다고 항의할 것이 두려운가? 아니면 동료 작가들보다 당신이 더 유명해지고 성공할까 봐 두려운가?

성공에 대한 두려움은 옳고 그름으로 판단할 수 없다. 당신 머릿속을 떠돌며 집필 마무리를 가로막는 반反성공적 사고를 의식해야 한다는 점이 중요하다.

18. 집중력 높이기

우선순위 높은 과업에서 자꾸만 벗어나게 하는 방해 요소들, 다른 작업이나 문자 메시지, 이메일 확인이나 전화통화 등은 책 집필 마무리에서도 커다란 장애물이다. 책 집필은 집중력을 요구한다. 원고를 다듬어 완성하기까지는 거기 빠져 있어야 한다. 집중력이 충분치 않다면 다음의 일들을 시도해보라.

1. 책 작업으로 하루를 시작하라. 책 작업이 하루의 첫 번째 일이 되도록 하는 것이다.

2. 업무나 개인사에서 무언가 중대한 일이 발생한 상황이 아니라면 이메일 확인을 하지 말라. 중대 상황이라면 이메일 제목을 훑어보고 읽어야 하는 것, 답장해야 하는 것이 무엇인지 선택하라.

3. 업무 공간을 단순하게 정리하라. 책상 근처에 사진이나 서류가 잔뜩 붙어 있다면 가능한 한 치워서 시야를 깨끗이 하라.

4. ADHD(주의력 결핍 장애)가 의심된다면 의료적인 조치를 취하라. 검증된 약을 복용하면 집중력 문제가 크게 좋아질 것이다.

5. 주말을 포함해 한 주 매일매일이 최적의 효율성과 집중력으로 채워지도록 계획을 세워라.

6. 사무실 문이나 방문에 '긴급 상황 외 방해 금지' 푯말을 걸어 방해 요소를 최소화하라.

7. 장시간 집필에 집중하기 어렵다면 방해요소를 차단하고 쓰기에 집중하는 단위 시간을 15~30분 정도로 짧게 잡아라. 단위 시간 동안 집중을 잘했다면 시간을 늘려나가라. 이 방법을 쓰면 1시간, 2시간, 더 나아가 3시간까지도 집중하게 되는 놀라운 경험을 할 것이다. 간식을 찾아 냉장고를 열지도, 이메일을 확인하지도, 쓸데없는 연예나 정치 기사를 읽지도 않으면서 집필에만 전념할 수 있다.

19. 6장에서 배운 FINISH 방법을 책 집필에 적용하기

F = 우선순위 높은 일에 집중하기 Focus

집필을 마무리 지어야 하는 원고를 쌓인 일 더미의 맨 위에 놓아라. 다른 것 아래 파묻히거나 서랍 속에서 실종되지 않도록 해야 한다. 원고를 책상 한가운데 바로 보이는 곳에 펼쳐두어라. 요즘 무슨 일을 하느냐는 질문을 받으면 "새 책 작업을 하고 있습니다." 혹은 "중요한 프로젝트를 진행하고 있습니다."라고 답하라. 책 집필 이외의 작업을 위해서는 새벽이나 퇴근 후, 주말에 따로 시간을 내라.

I = 방해 요소를 무시하기 Ignore

책 집필 시간을 정해 지켜라. 그 시간은 책 쓰기에만 사용되어야 한다. 자기 자신 때문이든 남들 때문이든 이 시간에 방해를 받지 않도록 하라. 시간관리를 잘해서 책 집필을 1순위 과업으로 유지하라.

N = 나중이나 내일이 아닌 지금 Now 하기

변명할 시간은 없다. 원고 마무리에 모든 시간과 노력을 투입하라. 출판할 때까지 그 자세를 유지해야 한다.

I = 계속 진행할 수 있도록 혁신하기 Innovate

책 집필을 끝내기 위해 여러 방법을 고안해야 할 수도 있다. 전업 직장인이라면 스마트폰을 활용해 책에 대한 생각을 녹음하라. 점심시간에 책 작업을 할 수도 있다. 아침 기상 알람을 1시간 일찍 맞추거나 취침 시간을 1시간 늦추는 식으로 수면 시간을 살짝 줄이는 것도 가능하다. 반복적인 사소한 업무는 부하 직원에게 맡겨야 할지도 모른다. '책 집필 완료'를 첫 번째 우선순위로 유지한다면 어떻게든 방법이 나올 것이다.

S = 아무리 힘들어도 과정을 이어가기 Stay

여행 일정이 다가오는가? 안 갈 수 없는 업무 출장이 아니라면, 또한 환불이 안 되는 크루즈 예약이 아니라면 책 집필이 완료될 시점 이후로 다 미뤄라. 한번 제쳐두면 다시 집필 작업을 하기가 무척 어렵기 때문이다. 일단 시작했다면 조사와 글쓰기(그리고 수정과 보완)를 계속 이어가는 게 가장 쉬운 길이다. 그러니 꾸준함을 발휘해 마무리 과정이 저절로 굴러가도록 하라. 이미 오랫동안 미루면서 시간을 허비하지 않았나. 이제는 책 집필을 기필코 끝내기 위한 긍정적인 승리 전략을 실천할 시점이다.

H = 성취를 축하하며 크게 기념하기 Hail

집 안팎에서 잠깐 춤을 추거나 폴짝 뛰어라! 일을 마무리한 자신에게 어떤 상을 줄 것인가? 즉흥적인 주말여행도, 저녁 외식이나 영화 관람도 좋다. 원고에 매달리느라 미뤄왔던 즐거움을 누려보라. 소셜미디어를 사용하고 있다면 집필 작업이 끝났음을 널리 알릴 수 있다. 무언가 기대하거나 바라면서 소식을 알리는 것은 아니다. 과업 종료의 순수

한 기쁨을 나눌 뿐이다. 며칠, 몇 주, 몇 달, 몇 년, 나아가 10년 이상을 바쳐온 일이 마무리되었다는 것은 얼마나 즐거운 일인가.

20. 책을 마무리하는 자신의 긍정적 이미지를 그리기

책이 출판되어 우편으로 도착한 상황, 봉투를 열어 당신 책을 꺼내는 순간을 상상해보라! 출간 기념 모임을 여는 자기 모습, 베스트셀러 목록에 당신 책이 들어간 장면도 그려보라. 더 구체적인 상상을 위해 당신 책이 속한 분야의 베스트셀러 목록을 한번 찾아보아도 좋다.

집필 종료는 이렇게 즐거운 일이다! 행운을 빈다는 인사는 하지 않겠다. 집필 종료는 실제로 일어날 일이기 때문이다. 운에 기대야 하는 상황이 아니다.

첫 책이든, 두 번째 책이든, 40번째 책이든 상관없이 집필을 마무리하려면 희생과 용기, 열정이 필요하다. '시련 없이는 영광도 없다'고 하지 않는가. 책 집필이라는 거대한 과업도 예외가 아니다.

21. 써야 하는 모든 책을 첫 책처럼 여기기

첫 책이든, 46번째 책이든 첫 프로젝트에 기울이는 열정, 설렘, 기대의 마음으로 접근한다면 끝낼 가능성이 커진다. 첫 책을 내는 신참 작가의 마음이 되어보라. 앞서 냈던 책들의 좋았던 점이나 나빴던 점은 다 잊어버려라. 대신 당신이 쓰고 싶고 써야 했던 바로 그 중요한 책이라 인식하라. 그 일이 끝난 것을 축하하라!

· · ·

첫 책이든, 다섯 번째나 50번째 책이든 집필을 끝내려면 헌신의 자세와 마음가짐이 필요하다. 시간을 최대한 확보하는 노력도 동반되어야 한다. 전업 직장인으로 책을 쓰는 상황이라면 점심시간, 출근 전이나 퇴근 후, 주말 시간을 최대한 활용해야 마무리가 가능할 것이다.

1 앞서 소개한 대로 내가 학위 논문을 끝냈을 때 어느 유명한 사회학자는 논문 마무리의 장점 중 하나가 논문 미완의 이유를 더 이상 설명할 필요가 없어지는 거라고 알려주었다. 뭐 그게 별일인가 싶을지도 모르지만 논문이든 소설이든 책 한 권 분량의 프로젝트를 시작해 성공적으로 마무리해본 사람은 얼마만큼의 추진력과 열정, 인내가 필요한지 안다. 당신의 힘을 북돋기 위해 다음 중 책 집필을 끝내고 싶은 이유를 찾아 표시해보자. 목록에 없는 이유라면 기타에 써넣으면 된다.

돈 벌기

말하고 싶은 것을 공유하기

세상을 바꾸기

나를 알리기

국제적인 명성

내가 세웠던 목표의 달성

책 쓰기 과정에 대한 호기심

저자가 되어보고 싶은 호기심

다른 사람을 즐겁게 하기

글을 쓰는 과정 자체가 보상이어서

전문가의 면모 갖추기

남들을 돕기

전문가로서의 책임 다하기

남들을 교육하기

기타 ＿＿＿＿＿＿＿＿＿＿＿＿＿

2 책 집필을 끝내고 출판하기까지 동기부여 상태를 유지하려면 책이 당신 삶에서 얼마나 중요한 존재인지 떠올리는 것도 필요하다. 지금까지 당신에게 큰 영향을 미친 책과 작가들을 다음 빈칸에 써보자. 하나만 써도, 상위 세 개까지 채워 써도 좋다. 해당 영역에서 읽은 책이 없거나 기억나는 것이 없다면 비워두어도 된다.

어린이 책

＿＿＿＿＿＿＿＿＿＿＿＿＿＿＿＿＿＿＿＿＿＿＿＿＿＿＿＿＿＿＿＿

＿＿＿＿＿＿＿＿＿＿＿＿＿＿＿＿＿＿＿＿＿＿＿＿＿＿＿＿＿＿＿＿

＿＿＿＿＿＿＿＿＿＿＿＿＿＿＿＿＿＿＿＿＿＿＿＿＿＿＿＿＿＿＿＿

중고등학교 학생용 책

_____

_____

_____

청년기를 위한 책

_____

_____

_____

성인 대상 비소설

_____

_____

_____

성인 대상 소설

_____

_____

_____

회고록

_____

_____

시집

_____

_____

_____

3 위에서 당신에게 큰 영향을 미친 책들을 영역별로 한 권에서 세 권까지 써보았
   다. 이번에는 당신 자신의 책을 써보자. 책이 출판되어 누군가가 자신에게 큰
   영향을 미친 책 중 한 권으로 포함시키는 장면을 상상해보면 어떨까? 이런 상
   상은 집필을 끝낼 수 있다는 확신을 불어넣는 방법이다.

   나는 남들이 기억해줄 이 새 책의 저자이다.

   책 제목은 _____ 이다.

13장

나를 위한 워크북

1. 반응하지 말고 먼저 행동하기

할 일이 생겼을 때 무조건 반응하는 대신 당신의 시간을 어떻게 쓸 것인지 적극적인 의사결정을 하라.

2. 목표 설정

장단기 목표를 설정하면 어디로 가고 있는지, 목적지에 닿기 위해 무엇을 해야 하는지가 분명해진다. 미완의 과업 중 무엇을 끝내야 하는지 파악하는 데도 도움이 된다.

3. 우선순위 파악

목표가 분명해지면 목표 달성을 위해 해야 하는 일의 우선순위가 정해진다. 당신이 중요하게 생각하는 과업이나 인간관계가 어느 틈에 사라져버리지 않도록 주의하라.

4. 주의집중

한 번에 한 가지 일에 집중하라. 일단 과업이 선택되었다면 끝날 때까지 전력을 다해 지속하라.

5. 현실적인 마감 시한 설정

현실적인 마감 시한은 장단기 목표에 집중할 수 있도록 도와준다. 마감 시한이 너무 멀면 경쟁하는 다른 많은 과업들에 굴복하기 쉽다. 반면 마감 시한이 너무 짧으면 불안감을 느끼고 서두르다가 지치게 된다. 이런 경우 남들에게 도움을 요청하거나 시한을 늦춰야 한다. 장기 과업에 필요한 시간이 얼마인지 파악하고 여유 시간을 더해 현실적인 마감 시한을 설정하라. '적게 약속하고 많이 수행하기' 원칙을 기억하라.

6. 지금 당장 하라(DO IT NOW)의 머리글자를 딴 다음 원칙 적용하기

D = 해야 할 일을 나눠서Divide 해결하라.

O = 자료와 일 처리 과정을 체계화Organize 하라.

I = 정신을 분산시키는 방해 요소들을 무시Ignore 하라.

T = 해결 방법을 배울 시간을 내라Take the time.

N = 내일이 아니라 지금 당장Now 하라.

O = 지금 찾아온 기회Opportunity 를 잡아라.

W = 시간 죽이는 요소를 잘 살펴라Watch out. 인터넷, 소셜미디어, 이메일, TV, 전화통화, 문자 등에 쓰는 시간을 관리하라.

7. 삶의 균형 맞추기

이것이 가장 중요한 원칙이다. 연인, 배우자, 자녀, 손주, 형제자매, 친구, 이웃, 동료, 반려동물 등 주변의 소중한 존재에게 시간을 내줘라. 일은 삶의 핵심일지 모르지만 삶 전체는 아니다. 당신은 더 충만한 삶을 누릴 자격이 있다. 삶의 균형은 당신 자신을 위한 시간을 내라는 뜻이기

시작한 일을 반드시 끝내는 습관

도 하다. 운동, 독서, 각종 문화생활과 취미활동 등 당신이 삶에서 중요하게 여기는 것에 시간을 쓸 수 있어야 제대로 시간관리가 된 것이다.

*내가 쓴 책《새천년을 위한 창조적 시간관리》의 일부 내용을 약간 수정한 것이다.

프로젝트 혹은 과업

A = 평가Assess _____

_____

_____

C = 통제Control _____

_____

_____

T = 목표Target _____

_____

_____

I = 혁신Innovate _____

_____

_____

O = 조직Organize _____

_____

_____

N! = 지금Now! _____

_____

_____

시작한 일을 반드시 끝내는 습관

액션ACTION! 전략 워크시트

프로젝트 혹은 과업

A = 평가 Assess _____

_____

_____

C = 통제 Control _____

_____

_____

T = 목표 Target _____

_____

_____

I = 혁신 Innovate _____

_____

_____

O = 조직 Organize _____

_____

_____

N! = 지금 Now! _____

_____

_____

*액션ACTION! 전략의 상세 내용은 본문 6장에 나와 있다.

할 일 목록

날짜 _____

할 일   완료 시점   완료일자

프로젝트(혹은 프로젝트 내 과업)

#1 _____   _____   _____

#2 _____   _____   _____

#3 _____   _____   _____

#4 _____   _____   _____

#5 _____   _____   _____

#6 _____   _____   _____

개인 볼일(혹은 잡무)

#1 _____   _____   _____

#2 _____   _____   _____

#3 _____   _____   _____

시작한 일을 반드시 끝내는 습관

할 일 목록

날짜 _____

| 할 일 | 완료 시점 | 완료일자 |

프로젝트(혹은 프로젝트 내 과업)

#1 _____ _____ _____

#2 _____ _____ _____

#3 _____ _____ _____

#4 _____ _____ _____

#5 _____ _____ _____

#6 _____ _____ _____

개인 볼일(혹은 잡무)

#1 _____ _____ _____

#2 _____ _____ _____

#3 _____ _____ _____

일간 시간 기록표

날짜 _____ 요일 _____

유형 _____ (근무일/통학일/휴일 등)

시간 (아침 기상) 활동

_____ _____

_____ _____

_____ _____

_____ _____

_____ _____

_____ _____

_____ _____

_____ _____

잠자리에 드는 시간을 적고 하루를 정리하라.

_____ _____

메모 특별히 집중이 잘 되었다거나 유난히 피곤했던 시간, 효율이 높고 집중이 잘되었던 때, 까다로운 세부 요소를 잘 처리할 수 있었던 순간들이 있었는지 돌이켜보라. 사람들과 함께 (대면으로든 전화통화로든) 어울려 일하기에 더 좋거나 나쁜 때는 언제인가?

_____

_____

시작한 일을 반드시 끝내는 습관

일간 시간 기록표

날짜 _____ 요일 _____

유형 _____ (근무일/통학일/휴일 등)

시간 (아침 기상) **활동**

_____ _____

_____ _____

_____ _____

_____ _____

_____ _____

_____ _____

_____ _____

_____ _____

잠자리에 드는 시간을 적고 하루를 정리하라.

_____

메모 특별히 집중이 잘 되었다거나 유난히 피곤했던 시간, 효율이 높고 집중이 잘되었던 때, 까다로운 세부 요소를 잘 처리할 수 있었던 순간들이 있었는지 돌이켜보라. 사람들과 함께 (대면으로든 전화통화로든) 어울려 일하기에 더 좋거나 나쁜 때는 언제인가?

_____

_____

하루 플래너

날짜 _____ 요일 _____

오전 12:00 _____

1:00 _____

2:00 _____

3:00 _____

4:00 _____

4:15 _____

4:30 _____

4:45 _____

5:00 _____

5:15 _____

5:30 _____

5:45 _____

6:00 _____

6:15 _____

6:30 _____

6:45 _____

7:00 _____

7:15 _____

7:30 _____

시작한 일을 반드시 끝내는 습관

7:45 _____

8:00 _____

8:15 _____

8:30 _____

8:45 _____

9:00 _____

9:15 _____

9:30 _____

9:45 _____

10:00 _____

10:15 _____

10:30 _____

10:45 _____

11:00 _____

11:15 _____

11:30 _____

11:45 _____

오후 12:00 _____

12:15 _____

12:30 _____

12:45 _____

1:00 _____

1:15 _____

1:30 _____

1:45 _____

2:00 _____

2:00 _____

2:15 _____

2:30 _____

2:45 _____

3:00 _____

3:15 _____

3:30 _____

3:45 _____

4:00 _____

4:15 _____

4:30 _____

4:45 _____

5:00 _____

5:15 _____

5:30 _____

5:45 _____

6:00 _____

6:15 _____

시작한 일을 반드시 끝내는 습관

6:30 _____

6:45 _____

7:00 _____

7:15 _____

7:30 _____

7:45 _____

8:00 _____

8:30 _____

9:00 _____

9:30 _____

10:00 _____

10:30 _____

11:00 _____

11:30 _____

오전 12:00 _____

하루 플래너

날짜 _____ 요일 _____

오전 12:00 _____

1:00 _____

2:00 _____

3:00 _____

4:00 _____

4:15 _____

4:30 _____

4:45 _____

5:00 _____

5:15 _____

5:30 _____

5:45 _____

6:00 _____

6:15 _____

6:30 _____

6:45 _____

7:00 _____

7:15 _____

7:30 _____

시작한 일을 반드시 끝내는 습관

7:45 _____

8:00 _____

8:15 _____

8:30 _____

8:45 _____

9:00 _____

9:15 _____

9:30 _____

9:45 _____

10:00 _____

10:15 _____

10:30 _____

10:45 _____

11:00 _____

11:15 _____

11:30 _____

11:45 _____

오후 12:00 _____

12:15 _____

12:30 _____

12:45 _____

1:00 _____

1:15 _____

1:30 _____

1:45 _____

2:00 _____

2:00 _____

2:15 _____

2:30 _____

2:45 _____

3:00 _____

3:15 _____

3:30 _____

3:45 _____

4:00 _____

4:15 _____

4:30 _____

4:45 _____

5:00 _____

5:15 _____

5:30 _____

5:45 _____

6:00 _____

6:15 _____

시작한 일을 반드시 끝내는 습관

6:30 _____

6:45 _____

7:00 _____

7:15 _____

7:30 _____

7:45 _____

8:00 _____

8:30 _____

9:00 _____

9:30 _____

10:00 _____

10:30 _____

11:00 _____

11:30 _____

오전 12:00 _____

"끝나지 않는 일은 할 필요 없는 일입니다."

시작한 일을 다 끝낸다는 목적을 달성하기 위해서는 우선 당신 자신을 더 잘 이해할 필요가 있다. 어떻게 일하는 것을 가장 좋아하는지, 방해 요소를 처리할 능력이 있는지, 적절한 휴식을 취하지 못하는 경우 당신의 몸과 마음에 어떤 일이 일어나는지 등을 알아야 한다.

에너지가 가장 많을 때와 가장 적을 때는 언제인가? 당신은 아침형 인가인가, 저녁형 인간인가? 새벽 4시면 눈이 떠지지만 오후 5~6시만 되어도 피곤함을 느끼지는 않는가?

아침형 인간과 저녁형 인간중에 정답은 없다. 아침형 인간이라는 어느 컨설턴트는 자신이 직장에 일찍 출근해 한적하고 방해받지 않는 시간에 중요한 일을 처리하여 효율을 극대화한다고 설명했다.

중요한 것은 당신, 그리고 당신을 위해 일하는 사람들이 어떤 성향인지 아는 것이다. 그러면 이를 업무에 활용할 수 있다.

매일 가장 중요한 업무를 제때 처리하고 싶다는 것이 우리 모두의 바람이다. 또한 우리는 한 주, 한 달, 한 해, 더 나아가 평생에 걸쳐 업무 측면과 개인 측면 모두에서 중요한 일들을 제대로 마무리하고 싶은 마음을 가지고 있다.

　그러자면 우선순위 설정이 필요하다. 지금 당장 붙잡아야 할 가장 중요한 과업은 무엇인가?

　규모가 너무 큰 프로젝트, 지금 하는 일과는 전혀 다른 방향이어서 오랜 시간을 들여야 완료할 수 있는 프로젝트도 있을 것이다. 어쩌면 죽기 전에 해보고 싶은 일들을 적은 '버킷 리스트'의 과업들이 그런 일일 수도 있다.

　죽음을 연상시키는 이름이 싫다면 '드림 리스트'나 '소원 목록' 같은 이름을 붙여도 좋다. 내 소원 목록에는 영화 제작과 연극 연출이 들어 있다. 거대한 프로젝트이므로 아마 관리 가능한 작은 단계들로 쪼개야 할 것이다. 당분간은 책 집필, 코칭, 대학 강의, 작가 컨설팅과 저작권 판매 등에 에너지를 집중해야 하지만 시간이 나면 소원을 이루겠다는 마음으로 늘 염두에 두고 있다.

　내 친구였던 배우 데이비드 캐러딘David Carradine 은 "할리우드에는 실패가 없어. 너무 빨리 포기하는 사람이 있을 뿐이지."라고 말한 적이 있다.

　그러니 끝내지 못한 프로젝트나 이뤄야 할 소원이 있다는 것은 아무 문제가 아니다. 큰 꿈을 종이에 적어 마음에 새겨두고 시간이 났을 때 추진하기만 하면 되는 것이다. 꿈을 이루기 위해 시간은 얼마가 걸려도 상관없다. 다음 빈칸에 당신의 업무적인, 그리고 개인적인 소원을 써보자.

소원 목록

오늘 날짜 _____

업무적인 소원 목록

1. _____

2. _____

3. _____

개인적인 소원 목록

1. _____

2. _____

3. _____

나는 이 책을 통해 당신이 어떤 일을 끝내야 할지 더 잘 선택하게 되기를, 그리고 무언가를 끝내지 않기로 결정했다 해도 죄책감은 느끼지 않기를 바란다. 더 중요한 과제를 해결하기 위해 비즈니스 관련 협회 활동을 중단한다는 선택이든, 오랫동안 서가에 방치되었던 작업 마무리를 포기하는 것이든 좋다. 때로는 사람이나 일을 떠나보내야 하는 법이다.

인터넷마케팅 업체인 잽헙ZapHub 공동 창업자 자비에 파크하우스-파커Xavier Parkhouse-Parker 는 "일을 끝내지 않아도 괜찮은 경우는 언제인가요?"라는 내 질문에 "그 일이 더 이상 중요하지 않을 때"라고 하면서 "끝나지 않는 일은 할 필요 없는 일입니다."라고 덧붙였다.

당신이 시작하기와 끝내기 중에 무엇을 더 쉽다고 생각하는 유형인지 알게 되었다는 것은 어느 쪽에 더 많은 에너지를 쏟아야 하는지도 안다는 의미일 것이다. 이 책의 목표는 당신이 끝내고 싶은 프로젝트를 마무리 짓도록 하는 것, 종료에 대한 두려움이나 미루기 등 온갖 원인을 극복하고 원하는 방향으로 업무와 인간관계를 유지하도록 하는 것이다.

• • •

이제 이 책을 끝낼 때가 왔다. 지금까지 함께해주어 감사하다! 이 책의 정보가 유익하게 작용하여 당신이 더 많은 업무 프로젝트를 끝내고 더 많은 책을 집필하며 체중 감량, 집 청소, 학위 취득 등 미완으로 남겨두었던 목표를 달성하기를 간절히 기원한다.

1 이 책을 읽어주어서 다시 한번 감사하다. 성인 남녀 205명을 대상으로 한 설문
조사에서 가장 많이 추천된 시간 관리 서적 네 권을 아래 제시한다. (내가 쓴 책
들인 《7일, 168시간》, 《새천년을 위한 창조적 시간관리》, 《시간을 내 편으로 만들라》는 제외하
였다.)

스티븐 코비, 《성공하는 사람들의 7가지 습관》
스티브 레빈슨, 《작심3일 끝내기》
팀 페리스, 《나는 4시간만 일한다》
곤도 마리에, 《정리의 힘》

이 책에서 배운 내용을 더욱 탄탄히 하고 추가적인 통찰력과 방법론을 접하기
위해 위 책들도 읽어보기를 권한다.

이 책을 어떻게 준비했는가

이 책은 사회학과 미술치료라는 내 전공, 지금까지 해온 연구와 교육 경험, 기업이나 협회 등에서 진행한 시간관리 워크숍과 코칭 경험까지 모두 망라한 결과물이다.

이전 책들을 집필하기 위해 실시했던 조사와 면접 결과를 검토하는 데 더해 '끝내기'에 초점을 맞춘 새로운 데이터를 수집했다. 서베이 몽키surveymonkey.com를 통해 질문 열 개로 구성된 설문조사를 실시해 성인 남녀 205명의 익명 답변을 얻었다. 그리고 또 다른 온라인 피드백 서비스Help a Reporter Out에서 34개 질문으로 보다 확장된 설문조사를 남녀 51명에게 실시하고 이메일이나 전화로 추가 보완 인터뷰를 했다. 그리하여 미국 전역뿐 아니라 인도, 중국, 라트비아, 뉴질랜드, 영국, 캐나다, 베트남, 남아프리카 등에 거주하는 총 256명으로부터 얻은 자료가 이 책의 바탕이 되었다.

또한 참고문헌에 제시한 다양한 책과 논문의 도움도 받았다.

이 책에 인용된 문헌과 함께 시간관리 전반을 다루는 자료를 다수 포함하였다. 물론 시간관리 도서가 전부 망라되었다고 말할 수는 없다.

Acuff, Jon. *Finish: Give Yourself the Gift of Done.* New York: Portfolio (Penguin Random House Company), 2017.

Barkas, J.L. (see Jan Yager) *Creative Time Management* Englewood Cliffs, NJ: Prentice-Hall, 1984.

Blake, Jenny. *Pivot: The Only Move That Matters Is Your Next One.* NY: Portfolio/Penguin Random House, 2016.

Blanchard, Ken and Johnson, Spencer. *The One Minute Manager.* NY: William Morrow, 1982.

Canfield, Jack Hansen; Mark Victor and Hewitt, Les. *The Power of Focus.* Deerfield Beach, FL: HCI Communications, 2012.

Carlozo, Lou. "Why college students stop short of a degree." Reuters. March 27, 2012.

Cockerham, William C. *Medical Sociology.* 10th edition. Englewood Cliffs, NJ: Prentice-Hall, 2006.

Corpuz, John. "Best Calendar Apps." Posted on April 23, 2018 at Toms Guide: https://www.tomsguide.com/us/pictures-story/442-best-calendar-apps.html

Covey, Stephen. *The 7 Habits of Highly Effective People.* NY: Simon & Schuster, Inc., 1989.

Davis, Sampson; Jenkins, George; and Hunt, Rameck with Page, Lisa Frazier. *The Pact*. NY: Riverhead Books, 2003.

Dearden, Lizzie. "The books many start but few finish: Top 'unread' bestsellers revealed." July 8, 2014.

Drucker, Peter. *The Daily Drucker*. NY: HarperBusiness, 2004.

Farkas, Dora. "7 Reasons Why Bright Students Drop Out of Grad School" November 4, 2016, Posted at https://finishyourthesis.com/drop-out/

Ferriss, Timothy. *The 4-Hour Workweek*. Vermillion. 2008. New edition, Crown Publishers, 2007, 2009.

Gazzaley, Adam and Rosen, Larry D. *The Distracted Mind: Ancient Brains in a High-Tech World*. Cambridge, MA: The MIT Press, 2017.

Hansen, Morten T. *Great at Work: How Top Performers Do Less, Work Better, and Achieve More*. NY: Simon & Schuster, Inc., 2018.

Hallowell, Edward M. "Overloaded Circuits: Why Smart People Underperform." *Harvard Business Review on Managing Yourself*. Boston, MA: Harvard Business School Press, 2005, pages 19-41.

Haughey, Duncan. "A Brief History of SMART Goals." https://www.projectsmart.co.uk/brief-history-of-smart-goals.php Posted at www.projectsmart.co.uk, December 13, 2014.

Hayden, Gene C. *The Follow-Through Factor: Getting from Doubt to Done*. Toronto, CA: McClelland and Stewart, 2009

Hurtado, Maria Elena. "Only three out of ten university students graduate." April 24, 2015. University World News. Posted http://www.universityworldnews.com/article.php?story=201504219123029167

John, Arit. July 9, 2013, "The Books People Leave Unfinished" in The Atlantic, online version, Posted at https://www.theatlantic.com/entertainment/archive/2013/07/most-disappointing-books-recent-publishing-history/313505/

Khadaroo, Stacy Teicher "How to get high school dropouts into 'recovery'? Ideas bloom across US.," *Christian Science Monitor*, January 15, 2013, posted at https://www.csmonitor.com/USA/2013/0115/How-to-get-high-school-dropouts-into-recovery-Ideas-bloom-across-US

Knight, Sarah. *Get Your Sh*t Together: How to Stop Worrying About What You Should Do So You Can Finish What You Need to Do and Start Doing What You Want to Do* (A No F*cks Given Guide). NY: Little, Brown, 2016.

Kondo, Marie. *The Life-Changing Habit of Tidying Up*. New York: Ten Speed Press, 2014.

Lakein, Alan. *How to Get Control of Your Time and Your Life*. Signet, 1989 (1973).

Levinson, Steven and Greider, Peter. Following Through: *A Revolutionary New Model for Finishing Whatever You Start*. 3rd edition. (Createspace,

2015; 1st edition, Kensington Publishing, 1998).

_____ and Cooper, Chris. *The Power to Get Things Done:* (*Whether You Feel Like It or Not*) by. NY: Perigee, an imprint of Penguin Random House, 2015.

Luongo, Janet. *365 Daily Affirmations for Creativity.* Foreword by Jack Canfield. Stamford, CT: Hannacroix Creek Books, Inc., 2005. Audiobook version, 2013. E-book version, 2016.

Luke, Ali. "How to Finish What You Start: A Five-Step Plan for Writers." June 15, 2015. Posted at WritetoDone, https://writetodone.com/how-to-finish-what-you-start-a-five-step-plan-for-writers/

Mann, Dominic. *Get Stuff Done.* 2016.

Matlen, Terry. *The Queen of Distraction: How Women with ADD Can Conquer Chaos, Find Focus, and Get It All Done.* Oakland, CA: New Harbinger Publications, 2014.

Morgenstern, Julie. *Time Management from the Inside Out.* 2nd edition. New York: Holt, 2004.

National Institute of Mental Health (NIMH), "Attention Hyperactivity Deficit Disorder" posted at https://www.nimh.nih.gov/health/topics/attention-deficit-hyperactivity-disorder-adhd/index.shtml#part_145447 (Last revised March 2016)

Oxford English Dictionary. "deadline." Oxford University Press. 2018

(online)

Oyama, Yoshinori; Manalo, Emmanuel and Nakatani, Yoshihide. "The Hemingway Effect: How failing to finish a task can have a positive effect on motivation." Science Direct, Thinking Skills and Creativity. Available February 2, 2018. Posted through Creative Commons license at https://www.sciencedirect.com/science/article/pii/S187118711730189X

Porter, Jane. "Why You Can Never Finish Anything and How to Finally Change It." Posted at Fast Company online, February 03, 2014.

Rayome, Alison DeNisco. "Distracted Minds: 3 Tips to Disconnect from Tech and Increase Productivity." November 16, 2016. Published in TechRepublic. Posted at https://www.techrepublic.com/article/distracted-minds-3-tips-to-disconnect-from-tech-and-increase-productivity/

Rizzo, Paula. *Listful Thinking: Using Lists to be More productive, Highly Successful, and Less Stressed.* Foreword by Julie Morgenstern. NY: Viva Editions, 2014.

Sandberg, Jared. "Rise of False Deadline Means Truly Urgent Often Gets Done Late." Wall Street Journal, January 23, 2007.

Schuman, Rebecca. "ABD Company." Posted on Slate http://www.slate.com/articles/life/education/2014/08/abds_all_but_dissertation_

ph_d_candidates_who_can_t_quite_finish.html August 1, 2014.

Stack, Laura. *Doing the Right Things Right*. Oakland, CA: Berrett Koehler Publishers, 2016.

SWNS. "Americans check their phones 80 times a day: study." Posted on November 8, 2017. https://nypost.com/2017/11/08/americans-check-their-phones-80-times-a-day-study/

Waldron, Travis. "Nearly Half of All America's College Students Drop Out Before Receiving a Degree," March 28, 2012, Think Progress, Posted at https://thinkprogress.org/study-nearly-half-of-americas-college-students-drop-out-before-receiving-a-degree-68867634fa5e/

Waters, Kelly. "Stop Starting, Start Finishing. Unfinished Work is Debt." All About Agile, posted at http://www.allaboutagile.com, June 15, 2015.

"What Does SMART Mean?" posted at Mindtools.com. https://www.mindtools.com/pages/article/smart-goals.htm

Wheelis, Allen. *How People Change*. NY: Harper & Row, 1973.

Winter, Arthur and Winter, Ruth. *Brain Workout.* NY: St. Martin's Press, 1997.

Yager, Jan. *125 Ways to Meet the Love of Your Life.* 2nd edition. Stamford, CT: Hannacroix Creek Books, Inc., 2016, 2004.

Yager, Jan. *365 Daily Affirmations for Time Management.* Stamford, CT: Hannacroix Creek Books, 2011.

Yager, Jan. *Creative Time Management for the New Millennium* Stamford, CT: Hannacroix Creek Books, 1999.

Yager, Jan. *Delivering Time Management for IT Professionals: A Trainer's Manual.* Birmingham, UK: Packt, 2015.

Yager, Jan. "Permanent Delegation." EXEC magazine. Spring 1995, pages 78-81.

Yager, Jan. *Productive Relationships: 57 Strategies for Building Stronger Business Connections.* Stamford, CT: Hannacroix Creek Books, Inc., 2011.

Yager, Jan. *Work Less, Do More: The 7-Day Productivity Makeover.* 3rd edition. Stamford, CT: Hannacroix Creek Books, Inc., 2017, 2012; 1st edition, 2008, Sterling Publishing, Inc.

Yager, Jan. *The Fast Track Guide to Losing Weight and Keeping It Off.* Stamford, CT: Hannacroix Creek Books, Inc., 2015.

Yager, Jan. *Put More Time on Your Side.* 2nd edition. Shippensburg, PA: Sound Wisdom, 2017.

옮긴이 이상원

서울대학교 가정관리학과와 노어노문학과를 졸업하고 한국외국어대학교 통번역대학원에서 석사와 박사 학위를 받았다. 서울대 기초교육원 강의 교수로 글쓰기 강의를 하고 있으며,《적을 만들지 않는 대화법》,《첫째 딸로 태어나고 싶지는 않았지만》등 80여 권의 번역서를 출간했다. 저서로는《서울대 인문학 글쓰기 강의》,《매우 사적인 글쓰기 수업》,《엄마와 함께한 세 번의 여행》이 있다.

시작한 일을 반드시 끝내는 습관

초판 1쇄 발행 2020년 6월 8일
초판 2쇄 발행 2020년 7월 13일

지은이 • 잰 예거
옮긴이 • 이상원

펴낸이 • 박선경
기획/편집 • 권혜원, 남궁은, 공재우, 강민형
마케팅 • 박언경
표지 디자인 • 최성경
본문 디자인 • 디자인원
제작 • 디자인원(031-941-0991)

펴낸곳 • 도서출판 갈매나무
출판등록 • 2006년 7월 27일 제2006-000092호
주소 • 경기도 고양시 일산동구 호수로 358-25 (백석동, 동문타워 Ⅱ) 912호
전화 • 031)967-5596
팩스 • 031)967-5597
블로그 • blog.naver.com/kevinmanse
이메일 • kevinmanse@naver.com
페이스북 • www.facebook.com/galmaenamu

ISBN 979-11-90123-85-3 / 03190
값 14,000 원

이 도서의 국립중앙도서관 출판예정도서목록(CIP)은 서지정보유통지원시스템 홈페이지
(http://seoji.nl.go.kr)와 국가자료종합목록 구축시스템(http://kolis-net.nl.go.kr)에서
이용하실 수 있습니다. (CIP제어번호: CIP2020020495)